AF136998

Lange/Matheus

Standardfälle Verwaltungsrecht AT

13. Auflage 2022

ISBN 978-3-86724-062-8
13. Auflage 2022

© 2022 niederle media

Bezug möglich direkt vom Verlag
niederle media
48341 Altenberge
Fax (02505) 93 98 99
E-Mail: info@niederle-media.de
www.niederle-media.de

Der Inhalt wurde sorgfältig erstellt, bleibt aber ohne Gewähr für Richtigkeit und Vollständigkeit. Nachdruck sowie Verwendung in anderen Medien oder in Seminaren nur mit schriftlicher Genehmigung des Verlags.

Inhalt

Standardfälle Verwaltungsrecht AT

1. Teil: Einführung in das Verwaltungsprozessrecht 7

2. Teil: Fälle und Lösungen 11

Fall 1: *Uni meets business* 11
- Verwaltungsrechtsweg
- Subordinationstheorie
- Zwei-Stufen-Theorie
- Kehrseitentheorie

Fall 2: *Beamtenpoker* 19
- Verwaltungsakt
- Merkmal „Außenwirkung"
- Anfechtungsklage

Fall 3: *Papst oder Ersti-Party?* 26
- Anfechtungsklage
- Widerspruchsfrist
- Klagefrist
- Fehlerhafte Rechtsbehelfsbelehrung

Fall 4: *„Wir werden ausgezogen" e.V. Teil I* 35
- Zulässigkeit der Anfechtungsklage
- Begründetheit der Anfechtungsklage
- Heilung einer unterlassenen Anhörung
- Verbot einer Versammlung, § 15 I VersammlG
- Ermessensfehler
- Verhältnismäßigkeit

Fall 5: *„Wir werden ausgezogen" e.V. Teil II* 49
- Zulässigkeit der Fortsetzungsfeststellungsklage
- Begründetheit der Fortsetzungsfeststellungsklage
- Feststellungsinteresse
- Notwendigkeit eines Vorverfahrens

Fall 6: *Markt der 1000 Genüsse* 61
- Zulässigkeit der Verpflichtungsklage
- Begründetheit der Verpflichtungsklage
- Untätigkeitsklage
- Spruchreife

Fall 7: *Stadion und Dosenbier* 72
- Nebenbestimmungen zum VA
- Verhältnismäßigkeit

Fall 8: *Jazz-Club* 81
- Reformatio in peius im Widerspruchsverfahren
- Auflagen

Fall 9: *Alles für die Kinder* 87
- Öffentlich-rechtlicher Vertrag
- Allgemeine Leistungsklage

Fall 10: *Schädelbräu* 98
- Feststellungsklage
- Subsidiarität der Feststellungsklage

Fall 11: *Oscarverdächtig* 105
- Widerruf rechtmäßiger Verwaltungsakte, § 49 VwVfG

Fall 12: *Kühe oder Schweine* 116
- Rücknahme rechtswidriger Verwaltungsakte, § 48 VwVfG

Fall 13: *Sauna Club „Chantal"* 129
- Vorläufiger Rechtsschutz, § 80 V VwGO

Fall 14: Neidische Beamtin 140
- Einstweilige Anordnung, § 123 VwGO

Fall 15: *Die lieben Nachbarn* 149
- Vorläufiger Rechtsschutz, § 80a VwGO

Vorwort

Dieses Skript ist gedacht als Einführung in Fälle aus dem Allgemeinen Teil des Verwaltungsrechts, die typischerweise Gegenstand der ersten Verwaltungsrechts-Klausuren sind.

Der Name **niederle media** steht für Skripten, die zu einem großen Teil von Autoren mit mehrjähriger Lehr-Erfahrung als Hochschullehrer oder AG-Leiter verfasst wurden und die

- klausurrelevante Themen *kompakt* darstellen,
- meist in 1-2 Tagen und demnach *zeitsparend* durchgearbeitet werden können,
- so *verständlich* sind, dass auch Anfänger damit regelmäßig auf Anhieb klarkommen,
- *Fallbeispiele, Übersichten* und *Schemata* enthalten,
- sehr *erschwinglich* sind (ab 7,90 Euro).

Aufgrund dieser Eigenschaften sind unsere Skripten hervorragend geeignet für den ersten, unkomplizierten Einstieg in die Materie oder für eine schnelle Wiederholung kurz vor der Prüfung. Dafür drücke ich schon jetzt ganz fest die Daumen,

Jan Niederle

▸ **Unsere** 🕮 **Skripten** 🗐 **Karteikarten** 👂 **Hörbücher**

Zivilrecht

🕮 Standardfälle **Zivilrecht** f. Anfänger (BGB AT+Kaufrecht)
🕮 👂 Standardfälle **BGB AT**
🕮 👂 Standardfälle **Schuldrecht**
🕮 👂 Standardfälle **Ges. Schuldverhältn.**, §§ 677,812,823
🕮 👂 Standardfälle **Sachenrecht** (Mobiliar+Immobiliar)
🕮 👂 Standardfälle **Familien- und Erbrecht**
🕮 👂 Basiswissen **BGB AT** (Frage-Antwort)
🕮 👂 Basiswissen **Schuldrecht AT** (Frage-Antwort)
🕮 👂 Basiswissen **Schuldrecht BT** (Frage-Antwort)
🕮 👂 Basiswissen **Sachenrecht** (Frage-Antwort)
👂 Basiswissen **Familienrecht** (Frage-Antwort)
👂 Basiswissen **Erbrecht** (Frage-Antwort)
🕮 Einführung in das **Bürgerliche Recht** (für Anfänger)
🕮 Studienbuch **BGB AT**
🕮 Studienbuch **Schuldrecht AT**
🕮 Einführung **Schuldrecht BT 1** - §§ 437, 536, 634, 670 ff.
🕮 Einführung **Schuldrecht BT 2** - §§ 812, 823, 765 ff.
🕮 Einführung **Sachenrecht 1** – Mobiliarsachenrecht
🕮 Einführung **Sachenrecht 2** – Immobiliarsachenrecht
🕮 Einführung **Familienrecht**
🕮 Einführung **Erbrecht**
🕮 👂 **Definitionen** für die Zivilrechtsklausur

Strafrecht

🕮 Standardfälle **Band 1:** für Anfänger
🕮 Standardfälle **Band 2:** für Fortgeschrittene
🕮 👂 Standardfälle **Strafrecht AT** (für Anfänger)
🕮 👂 Basiswissen **Strafrecht AT** (Frage-Antwort)
🕮 👂 Basiswissen **Strafrecht BT 1** (Frage-Antwort)
🕮 👂 Basiswissen **Strafrecht BT 2** (Frage-Antwort)
🕮 Einführung **Strafrecht AT**
🕮 Einführung **Strafrecht BT 1** – Vermögensdelikte
🕮 Einführung **Strafrecht BT 2** – Nichtvermögensdelikte
🕮 👂 **Definitionen** für die Strafrechtsklausur

Öffentliches Recht

🕮 Standardfälle **Staatsrecht 1** – Staatsorganisationsrecht
🕮 Standardfälle **Staatsrecht 2** – Grundrechte
🕮 👂 Standardfälle f. **Anfänger** (StaatsorgaR u. GrundR)
🕮 Standardfälle **Verwaltungsrecht AT**
🕮 Standardfälle **Polizei- und Ordnungsrecht**
🕮 Standardfälle **Baurecht**
🕮 Standardfälle **Europarecht**
🕮 Standardfälle **Kommunalrecht**
🕮 👂 Basiswissen **StaatsR 1** – StaatsorgaR (Frage-Antwort)
🕮 👂 Basiswissen **StaatsR 2** – Grundrechte (Frage-Antwort)
🕮 Basiswissen **Verwaltungsrecht AT** (Frage-Antwort)
🕮 Studienbuch **Staatsorganisationsrecht**
🕮 Studienbuch **Grundrechte**
🕮 Studienbuch **Verwaltungsrecht AT**
🕮 Studienbuch **Europarecht**
👂 Hörbuch Basiswissen **Europarecht**
🕮 Studienbuch **Staatshaftungsrecht**
🕮 **Verwaltungsrecht AT 1** – VwVfG
🕮 **Verwaltungsrecht AT 2** – VwGO
🕮 **Verwaltungsrecht BT 1** – Polizei und Ordnungsrecht
🕮 **Verwaltungsrecht BT 2** – Baurecht
🕮 **Verwaltungsrecht BT 3** – Umweltrecht
🕮 👂 **Definitionen** Öffentliches Recht

Sozialrecht

🕮 Einführung **Sozialrecht**

Nebengebiete

🕮 Standardfälle **ZPO**
🕮 👂 Standardfälle **Handels- & Gesellschaftsrecht**
🕮 👂 Standardfälle **Arbeitsrecht**
🕮 👂 Basiswissen **Handelsrecht** (Frage-Antwort)
🕮 👂 Basiswissen **Gesellschaftsrecht** (Frage-Antwort)
🕮 👂 Basiswissen **StPO** (Frage-Antwort)
🕮 👂 Basiswissen **ZPO** (Frage-Antwort)
🕮 Einführung **Handelsrecht**
🕮 Einführung **Gesellschaftsrecht**
🕮 Einführung **Arbeitsrecht**
🕮 Einführung **Kollektives Arbeitsrecht**
🕮 Einführung **ZPO I** - Erkenntnisverfahren
🕮 Einführung **ZPO II** - Zwangsvollstreckung
🕮 Einführung **StPO** - Strafprozessordnung
🕮 Einführung **IPR** - Internationales Privatrecht
🕮 Standardfälle **IPR** - Internationales Privatrecht
🕮 Einführung **Insolvenzrecht**
🕮 **Gewerblicher Rechtsschutz & Urheberrecht**
🕮 Einführung **Wettbewerbsrecht**
🕮 Einführung **Sportrecht**

Karteikarten

🗐 **Grundlagen des Zivilrechts**
🗐 **BGB Allgemeiner Teil**
🗐 **Schuldrecht BT** (§§ 433, 535, 631, 812, 823)
🗐 **Schemata Zivilrecht** (AT, SchuldR, SachR, FamR)
🗐 **Strafrecht AT**
🗐 **Strafrecht BT 1**
🗐 **Strafrecht BT 2**
🗐 **Streitfragen Strafrecht**
🗐 **Staatsorganisationsrecht**
🗐 **Grundrechte**
🗐 **Verwaltungsrecht AT**
🗐 **Schemata Öffentliches Recht**

Die wichtigsten Schemata

🕮 **Band 1:** Zivilrecht, Strafrecht, Öffentliches Recht
🕮 **Band 2:** Arbeitsrecht, Handelsrecht, Gesellschaftsrecht, StPO, ZPO

Ratgeber Jurastudium

🕮 Ratgeber **500 Spezial-Tipps für Juristen** - Wie man geschickt durchs Studium und das Examen kommt

BWL

🕮 Einführung in die **Betriebswirtschaftslehre**
🕮 **Organisationsgestaltung & -entwicklung**
🕮 **Fallstudien** Organisationsgestaltung & -entwicklung
🕮 **Internationales Management**
🕮 Wie gelingt meine wiss. **Abschlussarbeit**?
🕮 **Medienwirtschaft für Mediengestalter**

Assessorexamen

🕮 Der **Aktenvortrag im Strafrecht**
🕮 Der **Aktenvortrag im Zivilrecht**
🕮 **Staatsanwaltl. Sitzungsdienst & Plädoyer**

Irrtümer und Änderungen vorbehalten!

👂 bedeutet: auch als **Hörbuch** lieferbar!

Bei **niederle-media.de** bestellte Bücher treffen idR *nach 1-2 Werktagen* ein!

1. Teil: Einführung in das Verwaltungsprozessrecht

Das Verwaltungsprozessrecht und das allgemeine Verwaltungsrecht hängen eng miteinander zusammen. Um ein Verständnis für die Probleme des allgemeinen Verwaltungsrechts zu bekommen, sind Kenntnisse im Verwaltungsprozessrecht daher unerlässlich, nicht zuletzt weil verwaltungsrechtliche Probleme in der Klausur regelmäßig prozessual eingekleidet sind. Deshalb lohnt es sich, beide Rechtsgebiete insoweit „parallel" zu lernen und die Probleme des allgemeinen Verwaltungsrechts – entsprechend der Konzeption dieses Skripts – anhand einer klausurmäßigen Prüfung einzuüben.

Um bei der Fallbearbeitung insbesondere das Auffinden der einschlägigen Klageart zu erleichtern, soll vorab ein kurzer Überblick über die wichtigsten verwaltungsrechtlichen Verfahrensarten gegeben werden[1].

Das Verwaltungsprozessrecht ist zunächst das Verfahrensrecht für diejenigen Rechtsstreitigkeiten, die einem besonderen Rechtsweg, nämlich dem *Verwaltungsrechtsweg* zugeordnet sind. Erste und zentrale Voraussetzung jedes verwaltungsrechtlichen Rechtbehelfs ist daher die *Eröffnung des Verwaltungsrechtsweges*.

Hinweis: Ob die Prüfung der Eröffnung des Verwaltungsrechtsweges *innerhalb* oder *außerhalb* der Zulässigkeitsprüfung zu erfolgen hat, ist seit der Einführung des § 17a II GVG umstritten. Nach dieser Norm führt ein fehlerhaft gewählter Rechtsweg nicht mehr zu einer Abweisung der Klage als unzulässig, sondern es kommt von Amts wegen zu einer Verweisung an das zuständige Gericht des zulässigen Rechtsweges. Dennoch stellt die Eröffnung des Verwaltungsrechtsweges eine Zulässigkeitsvoraussetzung für eine Sachentscheidung des Verwaltungsgerichts dar. Auch bei Vorliegen der Voraussetzungen des § 17a GVG bleibt eine Klage vor dem Verwaltungsgericht damit unzulässig. In den folgenden Fallbearbeitungen wird die Prüfung der Eröffnung des Verwaltungsrechtsweges daher weiterhin innerhalb der Zulässigkeitsprüfung vorgenommen. In einer Klausur ist natürlich auch ein anderer Weg gangbar. In der Prüfungspraxis ist es mittlerweile zu einer „friedlichen Koexistenz" zwischen beiden Lösungsansätzen gekommen. Keinesfalls dürfen Sie diese Frage jedoch in Ihrem Gutachten erörtern! Ihr Aufbau muss selbsterklärend sein!

---

[1] Ausführlich werden die Klagearten im Skript *Verwaltungsrecht AT 2* behandelt.

Sofern keine aufdrängende Sonderzuweisung vorhanden ist (z. B. § 54 I BeamtStG), ist die Eröffnung des Verwaltungsrechtsweges regelmäßig über die Generalklausel des § 40 I VwGO zu prüfen. Danach ist der Verwaltungsrechtsweg in allen *öffentlich-rechtlichen Streitigkeiten nichtverfassungsrechtlicher Art* gegeben, soweit diese nicht gesetzlich einem anderen Rechtsweg zugeordnet sind.

Bereits im Rahmen der Eröffnung des Verwaltungsrechtsweges wird mit der Voraussetzung der öffentlich-rechtlichen Streitigkeit die aus dem allgemeinen Verwaltungsrecht bekannte Abgrenzung zwischen öffentlichem Recht und Privatrecht relevant.

Gelangt man über § 40 I VwGO zur Eröffnung des Verwaltungsrechtsweges, ist im Anschluss daran anhand des Begehrens des Klägers (§ 88 VwGO) nach der *statthaften Klageart* zu suchen. Das verwaltungsgerichtliche Klagesystem der VwGO ist (historisch bedingt) für *Verwaltungsakte* fein nach dem vorgebrachten Klagegegenstand ausdifferenziert. Ihre Abwehr erfolgt durch die *Anfechtungs-,* ihre Einforderung hingegen durch die *Verpflichtungsklage.* Die Feststellung ihrer Nichtigkeit bzw. eines durch sie begründeten Rechtsverhältnisses erfolgt durch die *Feststellungsklage;* die Feststellung ihrer Rechtswidrigkeit nach Erledigung durch die *Fortsetzungsfeststellungsklage.*

Geht es nicht um einen Verwaltungsakt, sondern um die Vornahme von *Realakten* oder Geldzahlungen, ist die *allgemeine Leistungsklage* sowie subsidiär die *Feststellungsklage* einschlägig.

Mit der **Anfechtungsklage** (§ 42 I, 1. Alt. VwGO) als Gestaltungsklage kann also die *Aufhebung eines belastenden Verwaltungsaktes* erstritten werden. Sie zielt folglich auf eine unmittelbare Rechtsgestaltung durch das Gericht ab. Durch die Leistungsklage hingegen will der Kläger die Verurteilung des Beklagten zu einer „Leistung“ erreichen. Diese „Leistung“ kann auch in einem Verwaltungsakt bestehen.

Die **Verpflichtungsklage** (§ 42 I, 2. Alt. VwGO), die auf den *Erlass eines Verwaltungsaktes* abzielt, ist folglich der Sache nach eine besondere Art der Leistungsklage. Anfechtungs- und Verpflichtungsklage sind daher immer dann einschlägig, wenn das angegriffene oder erstrebte behördliche Tun einen *Verwaltungsakt* darstellt. Aufgrund dessen spielen sie in der verwaltungsrechtlichen Ausbildungs- und Prüfungspraxis eine überragende Rolle.

Die **Feststellungsklage** ist in § 43 VwGO geregelt und erfasst drei verschiedene Ziele: Die Feststellung des Bestehens eines Rechtsverhältnisses (positive Feststellungsklage), die Feststellung des Nicht-Bestehens (negative Feststellungsklage) und die Feststellung der Nichtigkeit eines VA (Nichtigkeitsfeststellungsklage). Außer bei der Nichtigkeitsfeststellungsklage ist bei der Feststellungsklage insbesondere die gem. § 43 II VwGO gegenüber Gestaltungs- und Leistungsklagen angeordnete *Subsidiarität* zu beachten.

Die sog. **Fortsetzungsfeststellungsklage** hingegen ist auf die Feststellung der Rechtswidrigkeit eines mittlerweile erledigten Verwaltungsaktes gerichtet (§ 113 I S. 4 VwGO). § 113 I S. 4 VwGO regelt unmittelbar den Fall, dass sich ein angefochtener VA *nach Klageerhebung,* aber vor der Entscheidung des Gerichts erledigt hat. Dem Kläger soll dadurch eine Fortführung seiner ursprünglich statthaften Anfechtungsklage ermöglicht werden. Auf die Situation der Verpflichtungsklage wird die Vorschrift analog angewandt. Aber auch in der Situation, in der sich der VA bereits *vor* Klageerhebung erledigt hat, wird traditionell die Fortsetzungsfeststellungsklage in analoger Anwendung herangezogen. Dabei werden die Sachurteilsvoraussetzungen indes stark an diejenigen der allgemeinen Feststellungsklage angenähert.[2]

---

[2] In jüngster Zeit mehren sich daher die Zweifel, ob unter diesen Umständen nicht die allgemeine Feststellungsklage die richtige Klageart ist. Klausurmäßig lassen sich derartige Fälle beim derzeitigen Stand der Diskussion am besten lösen, indem man die Statthaftigkeit der allgemeinen Feststellungsklage kurz andiskutiert und anschließend mit der traditionellen Auffassung § 113 I S. 4 VwGO analog bzw. ggf. in der Situation der Verpflichtungsklage doppelt analog anwendet.

Die **allgemeine Leistungsklage** wird – im Unterschied zu der Verpflichtungsklage als besonderer Leistungsklage – zwar nicht ausdrücklich in der VwGO geregelt, ihre Existenz wird aber an mehreren Stellen in der Verwaltungsgerichtsordnung vorausgesetzt (§§ 111, 113 V und 43 II VwGO). Mit ihr kann in erster Linie die Vornahme staatlichen Handelns, welches nicht in dem Erlass eines Verwaltungsaktes besteht, begehrt werden. Die Leistungsklage ist daher zu erheben, wenn der Kläger ein schlicht hoheitliches Handeln begehrt (z.B. eine Auskunft) oder gegen den Staat Folgenbeseitigungs- bzw. Geldleistungsansprüche geltend macht.

Neben den genannten Klagearten gewährleistet die VwGO dem Bürger – um den Anforderungen eines effektiven Rechtsschutzes aus Art. 19 IV GG gerecht zu werden – darüber hinaus die Möglichkeit vorläufigen Rechtsschutzes (§§ 80 V, 80a sowie § 123 VwGO).

Die Basis jeder erfolgreichen Fallbearbeitung ist mithin, das Klagebegehren des Anspruchsstellers herauszuarbeiten und anhand dessen die Erfolgsaussichten eines konkreten Rechtsbehelfs zu prüfen. So gesehen ist das Verwaltungsprozessrecht nicht „nur" das Verfahrensrecht der Verwaltungsgerichte, sondern bildet gleichsam den Rahmen für die Zuordnung nahezu aller materiellrechtlichen Probleme aus dem allgemeinen Verwaltungsrecht zu dem konkreten Fall.

Dieses Vorgehen und die Zulässigkeitsvoraussetzungen der verschiedenen Klagearten sollen nunmehr im zweiten Teil des Skripts im Rahmen der Fallbearbeitung im Einzelnen dargestellt und eingeübt werden. Zur Vertiefung der verwaltungsprozessualen Probleme sei zudem auf *Dürbaum*, Verwaltungsrecht AT 2 – Verwaltungsprozessrecht –, das Niederle-Studienbuch Verwaltungsrecht AT von *Linke* sowie die Lehrbücher von *Gersdorf* und *Hufen* hingewiesen.

2. Teil: Fälle und Lösungen

Fall 1: Uni meets Business

▸ **Standort:** Eröffnung des Verwaltungsrechtsweges

Um die Konjunktur anzukurbeln und gleichzeitig Wissenschaft und Wirtschaft besser zu vernetzen, hat das neu geschaffene „Superministerium" für Wirtschaft, Arbeit, Wissenschaft und Forschung das neue Förderprogramm „Uni meets Business" ins Leben gerufen und gesetzlich geregelt. Hierbei erhalten nach § 1 Uni meets Business Gesetz (UmBG) Studierende, welche neben dem Studium ein Unternehmen mit Bezug zum Fachbereich gründen wollen, zinsgünstige Darlehen. Die Darlehensabwicklung erfolgt über „übliche" Darlehensverträge.

Die fleißigen Jurastudenten „Textmarker-Till (T)" und „5-Farben-Frank (F)" wollen sich nunmehr mit einem Mitschriften-Service für Studenten selbständig machen und beantragen beim Ministerium das oben beschriebene Gründerdarlehen. Mit einfachem Schreiben wird der Antrag allerdings abgelehnt, da man der Ansicht ist, das Projekt sei nicht fachbereichsspezifisch. T und F möchten sich das nicht gefallen lassen und beabsichtigen zu klagen. Nach wochenlanger Arbeit an der Klageschrift fällt den beiden auf, dass sie gar nicht wissen, vor welchem Gericht sie eigentlich klagen müssen. Müsste die Klage vor dem Verwaltungsgericht erhoben werden?

I. Eröffnung des Verwaltungsrechtsweges
1. Zuständigkeit kraft ausdrücklicher Zuweisung
2. Generalklausel § 40 I VwGO
a) Öffentlich-rechtliche Streitigkeit
aa) Modifizierte Subjektstheorie
bb) „Zwei-Stufen-Theorie"
b) Nichtverfassungsrechtlicher Art
c) Keine abdrängende Sonderzuweisung
II. Ergebnis

T und F können vor dem Verwaltungsgericht klagen, wenn der Verwaltungsrechtsweg eröffnet ist.

I. Eröffnung des Verwaltungsrechtsweges

1. Aufdrängende Sonderzuweisung

Der Verwaltungsrechtsweg ist stets eröffnet, wenn dies für konkrete Streitigkeiten ausdrücklich durch Gesetz bestimmt ist (Standardbeispiel: § 54 I BeamtStG für beamtenrechtliche Streitigkeiten). Für den vorliegenden Fall besteht eine derartige gesetzliche Regelung nicht.

2. Generalklausel § 40 I VwGO

Der Verwaltungsrechtsweg ist nach der Generalklausel des § 40 I VwGO für alle öffentlich-rechtlichen Streitigkeiten nichtverfassungsrechtlicher Art eröffnet, soweit die Streitigkeit nicht ausdrücklich einem anderen Gericht zugewiesen ist.

a) Öffentlich-rechtliche Streitigkeit

Es müsste sich bei dem hiesigen Sachverhalt also um eine öffentlich-rechtliche Streitigkeit handeln (für privatrechtliche Streitigkeiten sind die Zivilgerichte zuständig, vgl. § 13 GVG).

aa) Modifizierte Subjektstheorie

Ob eine öffentlich-rechtliche Streitigkeit vorliegt, hängt von der wahren Natur des behaupteten Anspruchs ab. Dieser muss also öffentlich-rechtlicher Natur sein, wobei dies maßgeblich von den streitentscheidenden Normen abhängt. Zu klären ist mithin zunächst der Streitgegenstand, anschließend sind die streitentscheidenden Normen zu ermitteln, bevor zuletzt geklärt werden kann, ob diese dem öffentlichen Recht angehören.

Um zu bestimmen, ob eine Streitigkeit öffentlich-rechtlich ist, stellen sich in der Fallbearbeitung somit regelmäßig **drei Fragen**:

- Was ist der Streitgegenstand?
- Was sind die streitentscheidenden Normen?
- Sind diese Normen öffentlich-rechtlich?

Vorliegend wenden sich T und S gegen die Nicht-Gewährung des Darlehens. Streitgegenstand ist damit die Rechtmäßigkeit dieser Darlehensversagung. Streitentscheidende Norm ist vorliegend § 1 UmBG, welcher die Subventionsvergabe regelt. Zu klären ist damit, ob es sich bei dieser Norm, um eine öffentlich-rechtliche oder um eine privatrechtliche Norm handelt. Zu dieser Abgrenzung ist eine Vielzahl an Theorien entwickelt worden (Subordinationstheorie, Interessentheorie, Subjektstheorie). In den meisten Fällen kann diese Frage jedoch mit Hilfe der sog. modifizierten Subjektstheorie (auch Sonderrechtstheorie genannt) geklärt werden.

Nach dieser handelt es sich immer dann um öffentliches Recht, wenn die relevante Norm ausschließlich Hoheitsträger gerade in ihrer Funktion als Hoheitsträger berechtigt oder verpflichtet (es kann sich also nicht jedermann auf diese Normen berufen, daher auch Sonderrechtstheorie). § 1 UmBG berechtigt vorliegend allein das neue Superministerium zur Vergabe der genannten Darlehen und zwar gerade in seiner Funktion als Hoheitsträger. § 1 UmBG ist damit dem öffentlichen Recht zuzuordnen. Es handelt sich damit grundsätzlich um eine öffentlich-rechtliche Streitigkeit.

Hinweis: Auch die mod. Subjektstheorie hat allerdings ihre Schwächen. Haupteinwand gegen sie ist, dass sie nur dann praktikabel ist, wenn eindeutig ist, welche Rechtsvorschriften streitentscheidend sind. Sie bezieht sich also allein auf die „dritte Frage", also die Einordnung der streitentscheidenden Normen. Für die „zweite Frage" (also diejenige nach den streitentscheidenden Normen selbst) kann sie hingegen nicht herangezogen werden.

Gerade in diesem Bereich liegen jedoch oftmals die Probleme, wenn etwa im Falle von Realakten unklar ist, ob eine eindeutig privatrechtliche oder eine eindeutig öffentlich-rechtliche Norm streitentscheidend ist. Im Bereich der Leistungsverwaltung kann es zudem vorkommen, dass es an einer gesetzlichen Normierung und damit bereits an einem Anknüpfungspunkt für die mod. Subjektstheorie fehlt.

bb) „Zwei-Stufen-Theorie"

Bei der rechtlichen Qualifizierung von Leistungen der Verwaltung ist jedoch zu beachten, dass zwischen der Entscheidung der Behörde über das **„Ob"** der Subventionsvergabe und der Umsetzung dieser Entscheidung, dem **„Wie"** der Vergabe, differenziert werden muss. Denn aufgrund der **Formenwahlfreiheit** der Verwaltung kann sich diese zur Erfüllung ihrer Aufgaben auch der Rechtsform des Privatrechts bedienen.

Die Abwicklung des Darlehensvertrages könnte daher vorliegend auch nach den §§ 488 ff. BGB erfolgen. Diese **Zweistufigkeit** des Verfahrens ist Ansatzpunkt der sog. **Zwei-Stufen-Theorie**.

Die Zwei-Stufen-Theorie unterscheidet, wie bereits ihr Name sagt, zwischen zwei Stufen: Zunächst entscheidet die Behörde darüber, *ob* das beantragte Darlehen zu gewähren ist (1. Stufe); diese Entscheidung ist stets dem öffentlichen Recht zuzuordnen. Sodann wird in Vollzug des Bewilligungsbescheids und zur Abwicklung der Subvention *(= wie)* ein Darlehensvertrag zwischen der Behörde und dem Subventionsempfänger abgeschlossen (= 2. Stufe); dieser kann öffentlich-rechtlich oder privatrechtlich sein.

Achtung: Die Zwei-Stufen-Theorie besagt nicht, dass bei allen Rechtsverhältnissen zwischen zwei Stufen unterschieden werden muss. Sie besagt auch nicht, dass bei zweistufigen Rechtsverhältnissen die zweite Stufe immer privatrechtlich ist; dies ist vielmehr nur eine Möglichkeit! Vor allem ist die Zwei-Stufen-Theorie nicht generell zur Abgrenzung von öffentlichem Recht und Privatrecht

geeignet, sondern findet nur im *Subventionswesen* und bei der *Benutzung kommunaler öffentlicher Einrichtungen* Anwendung.
Und auch dort sieht sie sich vermehrt dem Vorwurf ausgesetzt, einen einheitlichen Lebenssachverhalt künstlich in einen öffentlich-rechtlichen und einen privatrechtlichen Bestandteil zu zerteilen. In den genannten Bereichen ist ihre Anwendung jedoch sowohl in der Praxis als auch in Prüfungsarbeiten nach wie vor anerkannt.

T und F geht es in der aktuellen Situation allein um die Frage der Darlehensgewährung an sich, also um das „**Ob**" der Darlehensgewährung (1. Stufe). Dieses „**Ob**" richtet sich nach § 1 UmBG, also einer Norm des öffentlichen Rechts. Würde es sich dagegen um das „Wie" der Darlehensabwicklung handeln (2. Stufe), müsste man nach den allgemeinen Kriterien differenzieren.

Zwischenergebnis: Da § 1 UmBG die streitentscheidende Norm hinsichtlich des hier zu entscheidenden „Ob" der Darlehensgewährung ist, liegt eine öffentlich-rechtliche Streitigkeit vor.

b) Nichtverfassungsrechtlicher Art

Es dürfte sich zudem nicht um eine verfassungsrechtliche Streitigkeit handeln. Nach der h. M. ist eine Streitigkeit dann verfassungsrechtlich i.S.d. § 40 I VwGO, wenn eine sog. *„doppelte Verfassungsunmittelbarkeit"* vorliegt. Dies ist nur dann der Fall, wenn zwei Verfassungsorgane oder unmittelbar am Verfassungsleben Beteiligte über ihre unmittelbar aus der Verfassung folgenden Rechte oder Pflichten streiten. Dies ist hier indes nicht der Fall. Das Ministerium als Teil der Regierung ist zwar unmittelbar am Verfassungsleben beteiligt, T und F jedoch nicht. Zum anderen streiten die Beteiligten hier um § 1 UmBG, welcher kein Verfassungsrecht darstellt.

c) Keine abdrängende Sonderzuweisung

Es dürfte schließlich für die vorliegende Streitigkeit keine sog. abdrängende gesetzliche Sonderzuweisung zu einem

anderen Gericht (-szweig) bestehen. Eine solche gesetzliche Regelung ist hier nicht ersichtlich.
Mithin ist der Verwaltungsrechtsweg über die Generalklausel des § 40 I VwGO eröffnet.

Hinweis: Abdrängende Sonderzuweisungen finden sich bspw. in § 40 II S. 1 VwGO, Art. 34 S. 3 GG (Streitigkeiten über Schadensersatz bei Amtspflichtverletzungen), Art. 14 III S. 4 GG (Streitigkeiten über die Höhe von Entschädigungen bei Enteignungen) sowie für Angelegenheiten der Finanz- und Sozialgerichtsbarkeit. Das für die praktische Fallbearbeitung (im Bereich des Polizeirechts) wichtigste Beispiel einer abdrängenden Sonderzuweisung ist **§ 23 EGGVG**, der für sog. Justizverwaltungsakte die Zuständigkeit der ordentlichen Gerichte anordnet.

II. Ergebnis

Für die vorliegende Streitigkeit ist nach der Generalklausel des § 40 I VwGO der Verwaltungsrechtsweg eröffnet.

Abwandlung: Nachdem T und F das Darlehen beantragt haben, gewährt das Ministerium selbiges durch Bewilligungsbescheid (VA). Durch Zufall erfährt der zuständige Sachbearbeiter des Ministeriums nach der Auszahlung der Darlehenssumme in Höhe von 5.000 €, dass T und F zum Zeitpunkt der Antragstellung gar nicht als Studierende eingeschrieben waren. Da die Erteilungsvoraussetzungen demnach nicht vorlagen, hebt das Ministerium den Bewilligungsbescheid rückwirkend auf und fordert T und F mit einfachem Schreiben zur sofortigen Rückzahlung der Darlehenssumme auf. T und F wollen sich gegen die Rückzahlungsaufforderung wehren. Können die Beiden wieder vor dem Verwaltungsgericht klagen?

I. Eröffnung des Verwaltungsrechtsweges
1. Aufdrängende Sonderzuweisung
2. Generalklausel § 40 I VwGO
a) Öffentlich-rechtliche Streitigkeit
b) Sonstige Vorausssetzungen
II. Ergebnis

T und F können vor dem Verwaltungsgericht klagen, wenn der Verwaltungsrechtsweg eröffnet ist.

I. Eröffnung des Verwaltungsrechtsweges

1. Aufdrängende Sonderzuweisung

Die Generalklausel des § 40 I S. 1 VwGO kommt schon gar nicht zur Anwendung, wenn die Zuständigkeit des Verwaltungsgerichts durch ein spezielles Gesetz begründet wird (sog. aufdrängende Sonderzuweisung). Eine spezielle Norm, welche für den vorliegenden Streit den Verwaltungsrechtsweg vorsieht, ist jedoch nicht ersichtlich.

2. Generalklausel § 40 I VwGO

Der Verwaltungsrechtsweg könnte aber über die Generalklausel des § 40 I VwGO eröffnet sein, wenn es sich vorliegend um eine öffentlich-rechtliche Streitigkeit nichtverfassungsrechtlicher Art handelt und keine abdrängende Sonderzuweisung zu einem anderen Gericht existiert.

a) Öffentlich-rechtliche Streitigkeit

Es müsste zunächst eine öffentlich-rechtliche Streitigkeit vorliegen. T und F wenden sich gegen die Rückforderung der Darlehenssumme. Streitgegenstand ist damit die Frage der Rechtmäßigkeit dieser Rückforderung. Fraglich ist, welche Normen in diesem Fall streitentscheidend sind. In Frage kommen hier § 812 BGB (ungerechtfertigte Bereicherung/privatrechtlich) sowie die §§ 48, 49a VwVfG (Rücknahme eines rechtswidrigen Verwaltungsaktes + Rückforderung/öffentlich-rechtlich).

Da das Ministerium hier nicht mitgeteilt hat, auf welcher Anspruchsgrundlage die Rückforderung beruht und auch nicht per öffentlich-rechtlicher Handlungsform (Rückforderungsbescheid) gehandelt hat, ist unklar, auf welche Anspruchsgrundlage hier zurückzugegriffen wurde.

Die genannten Abgrenzungstheorien führen an dieser Stelle nicht weiter, da sie allein die Einordnung einer bekannten Anspruchsgrundlage ermöglichen. Vorliegend liegt das Problem jedoch anders: Es sind zwei Anspruchsgrundlagen denkbar, die unproblematisch dem öffentlichen bzw. dem Privatrecht zugeordnet werden können. Die Frage welche vorliegend gewählt werden muss, ist mit den Theorien indes nicht zu beantworten. Es muss damit auf andere Kriterien zurückgegriffen werden.

Ein solches Abgrenzungskriterium stellt die **sog. Kehrseitentheorie** dar. Nach dieser Theorie ist eine Streitigkeit im Hinblick auf eine Rückforderung von Leistungen dann öffentlich-rechtlich einzuordnen, wenn auch das Leistungsverhältnis öffentlich-rechtlich war. Wie im Ausgangsfall beschrieben, war die Gewährung des Darlehens öffentlich-rechtlich (§ 1 UmBG). Mithin ist auch der Streit bezüglich der Rückforderung öffentlich-rechtlich zu bewerten. Streitentscheidende Normen sind vorliegend damit die §§ 48, 49 VwVfG.

b) Sonstige Voraussetzungen

Auch die sonstigen Voraussetzungen des § 40 I VwGO liegen vor.

II. Ergebnis

Für die vorliegende Streitigkeit ist der Verwaltungsrechtsweg über die Generalklausel des § 40 I VwGO eröffnet. T und F können also erneut vor dem Verwaltungsgericht klagen.

Fall 2: Beamtenpoker

▸ **Standort:** Verwaltungsakt, Statthaftigkeit der Anfechtungsklage

Bereits seit vier Generationen waren sämtliche männlichen Mitglieder der Familie Thielke Finanzbeamte in Münster. Der Familientradition folgend hat auch Hans-Hermann (H) es zur Verbeamtung geschafft und sitzt nun mit seinen beiden Kollegen A und B in einem schönen Büro mit Blick auf die Promenade. Weil die drei ihre Aufgaben effizient und schnell erledigen, bleibt genug Zeit, regelmäßige Pokerrunden im Büro zu veranstalten.

Dies gefällt dem zuständigen Dienstherrn überhaupt nicht, allein schon, weil Hs Vater ihn früher immer „zur Minna" gemacht hat. So wird H nunmehr auf Anordnung seines Dienstherrn in das Sozialamt versetzt. An seinen Bezügen ändert sich hierdurch aber nichts.

Die Versetzung gefällt dem H überhaupt nicht, da er weiß, dass in dem Büro nur Frauen sitzen, alle viel zu tun haben und auch bestimmt keiner Poker spielt. Die Entscheidung wird jedoch auch im Widerspruchsverfahren nicht abgeändert. Hieraufhin erhebt H Anfechtungsklage vor dem Verwaltungsgericht. Ist die Anfechtungsklage statthaft?

I. Eröffnung des Verwaltungsrechtsweges
II. Anfechtungsklage als statthafte Klageart
1. Hoheitliche Maßnahme
2. Behörde
3. Auf dem Gebiet des öffentlichen Rechts
4. Regelung
5. Einzelfall
6. Außenwirkung
III. Ergebnis

Die Anfechtungsklage des H vor dem Verwaltungsgericht ist statthaft, wenn der Verwaltungsrechtsweg eröffnet und die Anfechtungsklage die einschlägige Klageart ist.

I. Eröffnung des Verwaltungsrechtsweges

Zunächst müsste der Verwaltungsrechtsweg eröffnet sein. Nach der aufdrängenden Sonderzuweisung des § 54 I BeamtStG ist für alle Klagen aus dem Beamtenverhältnis, die im unmittelbaren Zusammenhang mit dem Dienstverhältnis stehen, der Verwaltungsrechtsweg gegeben. H ist Beamter und seine Klage richtet sich gegen die Versetzung, mithin eine Maßnahme aus dem Beamtenverhältnis. Der Verwaltungsrechtsweg ist somit eröffnet.

II. Anfechtungsklage als statthafte Klageart

Die erhobene Anfechtungsklage müsste die statthafte Klageart für das Anliegen des H sein. Nach § 88 VwGO richtet sich die Klageart nach dem Begehren des Klägers. Vorliegend begehrt H die Aufhebung der Versetzungsanordnung.

Nach § 42 I 1. Alt. VwGO ist die Anfechtungsklage die statthafte Klageart, wenn der Kläger die *Aufhebung eines Verwaltungsaktes* begehrt. Fraglich ist demnach, ob es sich bei dem angegriffenen behördlichen Handeln – der Versetzungsanordnung – um einen Verwaltungsakt handelt.

Der *Verwaltungsakt* ist in **§ 35 S. 1 VwVfG**[3] legal definiert. Hiernach ist ein *„Verwaltungsakt jede Verfügung, Entscheidung oder andere hoheitliche Maßnahme, die eine Behörde zur Regelung eines Einzelfalls auf dem Gebiet des öffentlichen Rechts trifft und die auf unmittelbare Rechtswirkung nach außen gerichtet ist.“* Die Legaldefinition des § 35 S. 1 VwVfG weist somit sechs Merkmale auf, die für einen Verwaltungsakt konstituierend sind:

---

[3] In den meisten Klausurfällen handeln Landesbehörden, deren Tätigkeit sich nach dem jeweiligen LandesVwVfG beurteilt. Aus Gründen der Einheitlichkeit wird in diesem Skript ausschließlich das VwVfG des Bundes zugrunde gelegt. Die Aussagen lassen sich jedoch regelmäßig auf das jeweilige Landesrecht übertragen.

1. Hoheitliche Maßnahme

Es müsste sich bei der Versetzung um eine *hoheitliche Maßnahme* handeln. Unter den Begriff der Maßnahme fällt bereits jedes Verwaltungshandeln, das einen Erklärungsgehalt aufweist. Das Erfordernis der *Hoheitlichkeit* der Maßnahme verlangt darüber hinaus einseitiges behördliches Handeln im Über-Unterordnungs-Verhältnis. Dieses Merkmal dient damit der Abgrenzung zu einvernehmlichen Handlungsformen zwischen Behörde und Bürger. Bei der vorliegend erlassenen Versetzungsanordnung handelt es sich um eine einseitige Entscheidung des Dienstherrn, mithin um eine hoheitliche Maßnahme in Form einer Verfügung.

2. Behörde

Der hier handelnde Dienstherr müsste *Behörde* i.S.d. § 35 S.1 VwVfG sein. Nach der Legaldefinition des **§ 1 IV VwVfG** ist Behörde jede Stelle, die Aufgaben der öffentlichen Verwaltung wahrnimmt (funktionaler Verwaltungsbegriff). Damit werden Akte der rechtsprechenden Gewalt und der Legislative ausgeklammert. Finanzbehörden sind Teil der öffentlichen Verwaltung und damit auch der Dienstherr des H. Mithin hat hier eine Behörde i.S.d. §§ 1 IV, 35 S. 1 VwVfG gehandelt.

3. Auf dem Gebiet des öffentlichen Rechts

Das Verhältnis Dienstherr – Beamter ist auch *öffentlich-rechtlich* ausgestaltet (vgl. Art. 33 IV GG).

Sofern – anders als im vorliegenden Fall – keine aufdrängende Sonderzuweisung vorhanden ist, wird der öffentlich-rechtliche Charakter der fraglichen Maßnahme bereits im Rahmen der Generalklausel des § 40 I VwGO bei der Eröffnung des Verwaltungsrechtsweges geklärt (öffentlich-rechtliche Streitigkeit), so dass bei diesem Prüfungspunkt häufig nach oben verwiesen werden kann.

4. Regelung

Die Versetzungsanordnung müsste zudem einen Regelungsgehalt aufweisen. Eine Maßnahme hat dann *Regelungswirkung,* wenn sie nach ihrem objektiven Sinngehalt darauf gerichtet ist, eine unmittelbare, verbindliche Rechtsfolge zu setzen. Mit diesem Merkmal lassen sich insbesondere bloße Realakte und lediglich vorbereitende Maßnahmen der Verwaltung gegenüber einem Verwaltungsakt abgrenzen. Im vorliegenden Fall ist H durch die Versetzung nunmehr der Sozialbehörde gegenüber dienstlich verpflichtet und hat in der neuen Dienststelle seiner Dienstpflicht nachzukommen. Seine Rechtsstellung hat sich somit unmittelbar geändert. Die Versetzungsanordnung weist somit Regelungswirkung auf.

5. Einzelfall

Bei der Versetzungsanordnung müsste es sich um eine *Einzelfallregelung* handeln. Durch das Kriterium der Einzelfallbezogenheit unterscheiden sich VAe von *Rechtsnormen.* Rechtsnormen sind *abstrakt-generelle* Regelungen, der Normalfall eines Verwaltungsaktes ist dagegen eine *konkret-individuelle* Regelung, das heißt, die Behörde regelt einen einzigen Fall einer einzelnen Person. Im Schnittpunkt dieser beiden Möglichkeiten des Verwaltungshandelns steht die *Allgemeinverfügung nach § 35 S. 2 VwVfG.* Dabei handelt es sich um einen VA, der sich aber an eine unbestimmte Anzahl von Personen richtet, also konkret-generellen Charakter hat.

Merke:
- **konkret:** ein Fall
- **abstrakt:** Vielzahl von Fällen
- **individuell:** bestimmbarer Personenkreis
- **generell:** nicht bestimmbarer Personenkreis

Vorliegend richtet sich die Versetzungsanordnung allein an H (individuell). Sachlich betrifft die Entscheidung die Versetzung einer bestimmten Person an eine bestimmte Dienststelle zu einer bestimmten Zeit. Mithin wird ein ganz konkreter, einzigartiger Sachverhalt geregelt. Es handelt sich somit um eine Einzelfallregelungen i.S.d. § 35 S.1 VwVfG.

6. Außenwirkung

Fraglich ist, ob die Versetzung eine Maßnahme mit *Außenwirkung* darstellt. Außenwirkung liegt vor, wenn der Inhalt der Regelung den verwaltungsinternen Bereich verlässt, das heißt, wenn Rechte der Bürger oder sonstiger außenstehender Rechtspersonen unmittelbar betroffen sind und dies von der Behörde auch beabsichtigt wurde.

Ob eine solche Außenwirkung vorliegend besteht, ist fraglich, da die Versetzung den H primär in seiner Stellung als Beamten betrifft und ihn somit vordergründig betrachtet lediglich „innerbehördlich" beeinträchtigt. Beim Beamtenverhältnis, das zu den sog. *Sonderstatusverhältnissen* (Beamte, Soldaten, Schüler, Strafgefangene) zählt, kann eine Außenwirkung nur dann angenommen werden, wenn durch die Maßnahme in das sog. *Grundverhältnis* eingegriffen wird. Zum Bereich des Grundverhältnisses zählen alle Fragen, die den *Bestand des Beamtenverhältnisses selbst* betreffen. Keine Außenwirkung haben hingegen solche Maßnahmen, die lediglich der *inneren Betriebsorganisation* zuzuordnen sind (dem sog. *Betriebsverhältnis*).

Im vorliegenden Fall bewirkt die Versetzung, dass H einen anderen Dienstort, einen anderen Dienstherrn bei einer anderen Behörde und eine andere Aufgabe hat. Mithin berührt die Maßnahme wesentlich den Bestand des Beamtenverhältnisses selbst. Die Versetzungsanordnung hat daher Außenwirkung.

Die Einteilung in Grund- und Betriebsverhältnis bietet allerdings nur eine grobe Unterscheidungsmöglichkeit. Heute wird für die Beantwortung der Frage, inwieweit eine Maßnahme Außenwirkung aufweist, daher überwiegend darauf abgestellt, ob mit der Maßnahme beabsichtigt wird, in *subjektive Rechte* einer natürlichen Person einzugreifen. Es kommt dabei darauf an, ob die Maßnahme den Beamten in seiner *Amtsstellung* oder in seiner *persönlichen Rechtsstellung* betrifft. Durch die Versetzung des H in das Sozialamt ist er künftig nicht nur einem anderen Dienstherrn untergeordnet, sondern bekommt zugleich ein völlig neues Aufgabengebiet zugewiesen. Diese nachhaltige Wirkung der Versetzung betrifft H in seiner persönlichen Rechtsstellung. Dass die Bezüge des H gleich bleiben, ist insoweit unerheblich.

Klausurtipp: Auch wenn die Unterscheidung nach dem *Grund- und Betriebsverhältnis* inzwischen überholt ist, sollte in der Klausur bei der Abgrenzungsfrage zunächst der Sachverhalt unter diese Begrifflichkeiten subsumiert werden, um zu dokumentieren, dass Ihnen diese Unterscheidung bekannt ist. Sodann sollte eine Einordnung auf der Grundlage der neueren Unterscheidungskriterien vorgenommen werden.

III. Ergebnis

Die Versetzungsanordnung weist alle Merkmale eines Verwaltungsaktes i.S.d. § 35 S. 1 VwVfG auf. Da H dessen Aufhebung begehrt, ist die Anfechtungsklage nach § 42 I, 1. Alt. VwGO die statthafte Klageart.

Abwandlung: Der zuständige Dienstherr würde den H zwar gerne loswerden, aber leider ist kein Posten bei einer anderen Dienststelle frei, wohin er ihn versetzen könnte. Um zumindest die ungeliebten Pokerrunden zu verhindern, teilt er dem H ein neues Einzelbüro im Keller mit schönem Blick in die Tiefgarage zu. Nach erfolglosem Vorverfahren bleibt es bei der „Umsetzung". Nunmehr erhebt H Anfechtungsklage vor dem Verwaltungsgericht. Ist eine solche statthaft?

I. Eröffnung des Verwaltungsrechtsweges

Nach § 54 I BeamtStG ist der Verwaltungsrechtsweg eröffnet.

II. Anfechtungsklage als statthafte Klageart

Die Anfechtungsklage nach § 42 I, 1. Alt. VwGO ist die statthafte Klageart, wenn H die Aufhebung eines Verwaltungsaktes begehrt. Verwaltungsakt ist gem. § 35 S.1 VwVfG jede Verfügung, Entscheidung oder andere hoheitliche Maßnahme, die eine Behörde zur Regelung eines Einzelfalls auf dem Gebiet des öffentlichen Rechts trifft und die auf unmittelbare Rechtswirkung nach außen gerichtet ist.

Problematisch ist vorliegend, inwieweit die „Umsetzung" des H *Außenwirkung* entfaltet. Dies richtet sich bei dienstlichen Weisungen (z. B. Dienstherr – Beamter) danach, ob die Maßnahme das Grund- oder das Betriebsverhältnis betrifft (s.o.). Die „Umsetzung" in ein anderes Zimmer bei ansonsten völlig gleichbleibenden Umständen stellt für H lediglich einen innerbehördlichen Organisationsakt dar; weder an seiner Tätigkeit noch an seinem Dienstherrn, seiner Stellung oder seinen Bezügen hat sich etwas geändert.

Zum gleichen Ergebnis gelangt man, wenn man darauf abstellt, ob mit der Maßnahme beabsichtigt wird, in subjektive Rechte des H einzugreifen. Durch die Umsetzung ist H in seiner Funktion als Teil der Verwaltung, d. h. ausschließlich in seiner *Amtsstellung* betroffen, nicht hingegen in seiner *persönlichen Rechtsstellung.* Mithin hat die Umsetzung insgesamt keine Außenwirkung und stellt keinen Verwaltungsakt i.S.d. § 35 S.1 VwVfG dar.

III. Ergebnis

Die Anfechtungsklage ist hier nicht statthaft, da es sich bei der „Umsetzung" nicht um einen Verwaltungsakt handelt.

Anmerkung: Für H wäre es jedoch möglich, im Wege der allgemeinen Leistungsklage eine „Rücksetzung" anzustreben.

Fall 3: Papst oder Ersti-Party?

▸ **Standort:** Zulässigkeit der Anfechtungsklage, Fristen

Herr Hermann (H) betreibt seit Jahren erfolgreich mehrere Kneipen in G, wobei gerade sein Konzept „Laute Stimmungsmusik, viel Alkohol, schnelle Bedienung" einer der Hauptgründe dafür ist, dass die Läden so gut laufen. Wie jedes Jahr plant H gerade für die „Ersti-Woche" zahlreiche Sonderveranstaltungen. Unter anderem durchgehend Happy-Hour für „Erstis" gegen Vorlage des Studentenausweises.

Ein paar hundert Meter weiter ist derweil beim Bürgermeister B große Freude ausgebrochen. Der Papst hat zugesagt, im kommenden Frühjahr (April) für eine Woche („Ersti-Woche") die Stadt zu besuchen und an verschiedenen Veranstaltungen teilzunehmen. Um einen guten Eindruck zu hinterlassen, weist B die Ordnungsbehörden an, für diese Woche in bestimmten Kneipen ein Alkoholverbot zu verhängen.

Mit Untersagungsbescheid vom 29.11., am gleichen Tag zur Post gegeben, untersagt die Ordnungsbehörde dem H für seine Kneipen den Ausschank alkoholischer Getränke für die Woche des Papstbesuches.

Hiergegen legt H Widerspruch bei der Behörde ein. Der Widerspruch geht bei der Ordnungsbehörde am Montag, dem 03.01. ein. Diese weist den Widerspruch jedoch wegen Verfristung als unzulässig zurück. Der Widerspruchsbescheid wurde von der Behörde am Dienstag, dem 11.01. als Übergabeeinschreiben abgesandt und ist dem H am 12.01. ausgehändigt worden. Hieraufhin klagt H vor dem Verwaltungsgericht gegen das Ordnungsamt, wobei die Klageschrift dort am 14.02. eingeht. H beantragt in der nicht näher bezeichneten Klage, „entgegen der behördlichen Entscheidung eine Erlaubnis zum Alkoholausschank" zu bekommen.

Ist die Klage zulässig?

I. Eröffnung des Verwaltungsrechtsweges
II. Statthafte Klageart
III. Klagebefugnis (§ 42 II VwGO)
IV. Vorverfahren (§ 68 VwGO); ggf. je nach Bundesland entbehrlich
V. Klagefrist (§ 74 VwGO)
VI. Klagegegner (§ 78 VwGO)
VII. Ergebnis der Zulässigkeitsprüfung

Die Klage des H ist zulässig, wenn sämtliche Zulässigkeitsvoraussetzungen einer verwaltungsgerichtlichen Klage vorliegen.

I. Eröffnung des Verwaltungsrechtsweges

Die Eröffnung des Verwaltungsrechtsweges richtet sich mangels aufdrängender Sonderzuweisung nach § 40 I VwGO. Danach müsste es sich um eine öffentlich-rechtliche Streitigkeit nichtverfassungsrechtlicher Art handeln.

H wendet sich hier gegen den Untersagungsbescheid der Ordnungsbehörde. Die streitentscheidenen Normen für die Rechtmäßigkeit dieser Untersagung sind Vorschriften aus dem Gaststättengesetz. Diese Normen berechtigen ausschließlich die zuständige Behörde in ihrer Funktion als Hoheitsträger und gehören damit nach Maßgabe der mod. Subjektstheorie dem öffentlichen Recht an. Eine öffentlichrechtliche Streitigkeit liegt somit vor. Diese ist auch nichtverfassungsrechtlicher Art, da keine obersten Verfassungsorgane über spezifisches Verfassungsrecht streiten. Eine abdrängende Sonderzuweisung ist nicht ersichtlich. Der Verwaltungsrechtsweg ist daher über die Generalklausel des § 40 I VwGO eröffnet.

II. Statthafte Klageart

Fraglich ist, welche Klageart vorliegend einschlägig ist. Dies richtet sich gem. § 88 VwGO nach dem Begehren des Klägers. H wendet sich hier gegen die *Untersagungsverfügung* und beantragt zumindest nach dem Wortlaut seiner Klageschrift die „Erlaubnis zum Alkoholausschank". In Betracht kommen daher sowohl eine *Anfechtungsklage* nach § 42 I, 1. Alt. VwGO auf Aufhebung der Untersagungsverfügung als auch eine *Verpflichtungsklage* nach § 42 I, 2. Alt. VwGO auf die Erteilung einer Bewilligung zum Alkoholausschank. Ohne die Untersagungsverfügung dürfte H indes im Rahmen seiner allgemeinen Gaststättenerlaubnis ohnehin Alkohol ausschenken. Mit der Kassation der Untersagungsverfügung würde diese automatisch wieder aufleben. Damit ist hier die Anfechtungsklage gem. § 42 I, 1. Alt. VwGO auf Aufhebung der Untersagungsverfügung die statthafte Klageart.

Einer Verpflichtungsklage des H auf Erteilung einer Bewilligung zum Alkoholausschank würde insbesondere das Rechtsschutzbedürfnis fehlen, da H mit der Anfechtungsklage ein einfacherer Weg zur Verfügung steht, sein Rechtschutzziel zu erreichen: Mit einer erfolgreichen Anfechtungsklage erreicht er dies automatisch, bei einer Verpflichtungsklage müsste hingegen zunächst ein Bescheid der Behörde ergehen.

III. Klagebefugnis (§ 42 II VwGO)

H müsste gemäß § 42 II VwGO klagebefugt sein, d.h., er müsste geltend machen können, durch die Untersagungsverfügung in seinen Rechten verletzt zu sein.

Hinweis: § 42 II VwGO dient der Vermeidung von Popularklagen; niemand soll Rechte der Allgemeinheit gerichtlich geltend machen können. In direkter Anwendung gilt § 42 II VwGO für die Anfechtungsklage und die Verpflichtungsklage.

Die Klagebefugnis besteht, wenn nach dem Vortrag des Klägers eine Verletzung dessen subjektiver Rechte *möglich erscheint* (sog. **Möglichkeitstheorie**). Ob *tatsächlich* eine solche Verletzung vorliegt, ist eine Frage der *Begründetheit* der Klage.

Dem H wird hier durch den Bescheid der Behörde der Ausschank alkoholischer Getränke untersagt. Bei an den Kläger gerichteten, belastenden Verwaltungsakten ist stets zumindest eine Verletzung des „Auffanggrundrechts" der allgemeinen Handlungsfreiheit (Art. 2 I GG) möglich (sog. *Adressatengedanke*). Vorliegend könnte H durch die Untersagungsverfügung jedoch möglicherweise auch in seinen Rechten aus der ursprünglichen Gaststättenerlaubnis verletzt sein. Er ist demnach nach § 42 II VwGO klagebefugt.

IV. Vorverfahren (§ 68 VwGO)

Nach § 68 I S. 1 VwGO müsste vor Erhebung der Anfechtungsklage ein Vorverfahren (Widerspruchsverfahren) durchgeführt worden sein.

Hinweis: Vom Erfordernis der Durchführung eines Vorverfahrens gibt es allerdings Ausnahmen (siehe § 68 I S. 2, 2. Alt. VwGO). Einige Bundesländer haben zudem von der in § 68 I S. 2, 1. Alt. VwGO enthaltenen Möglichkeit Gebrauch gemacht und die Durchführung eines Vorverfahrens für viele Bereiche vollständig abgeschafft, vgl. z.B. Art. 15 AG VwGO **Bay**, § 16a AG VwGO **Hess**, § 80 **NJG**, § 110 JustG **NRW**.

In diesem Vorverfahren ist die Rechtmäßigkeit des VAs von der Verwaltung erneut zu überprüfen.

Merke: Das Widerspruchsverfahren verfolgt drei Zwecke: Zusätzliche Rechtsschutzmöglichkeit des Bürgers, Selbstkontrolle der Verwaltung sowie Entlastung der Gerichte.

Vorliegend hat die zuständige Behörde den Widerspruch des H jedoch wegen angeblicher Verfristung als unzulässig verworfen. Der Anfechtungsklage des H könnte es daher an der Voraussetzung eines ordnungsgemäß durchgeführten Vorverfahrens gem. § 68 I S. 1 VwGO fehlen. Fraglich ist aber, ob der Widerspruch des H tatsächlich verfristet eingelegt wurde. Gem. § 70 I VwGO ist der Widerspruch innerhalb eines Monats, nachdem der VA dem Beschwerten bekannt gegeben worden ist, bei der Ausgangs- oder der Widerspruchsbehörde zu erheben. Für die Berechnung der

Widerspruchsfrist werden von der überwiegenden Ansicht die §§ 79, 31 VwVfG i. V. m. §§ 187 ff. BGB herangezogen.[4] Die Untersagungsverfügung ist am 29.11. bei der Post aufgegeben worden. Nach der Drei-Tages-Fiktion des § 41 II VwVfG gilt der Bescheid damit als am 02.12. bekannt gegeben. Eine nach Monaten bestimmte Frist endet nach Ablauf des Tages, der in seiner Zahl dem Tage entspricht, auf den das fristauslösende Ereignis i.S.d. § 187 I BGB fällt (§ 188 II Var. 1 BGB). Maßgebliches fristauslösendes Ereignis ist die Zustellung des Widerspruchbescheids, die auf den 02.12. zu datieren ist. Der Lauf der Frist begann daher an dem auf die Bekanntgabe folgenden Tag (03.12.) und endete damit grds. am 02.01. um 24.00 Uhr. Jedoch ist der 02.01. laut Sachverhalt ein Sonntag. Demnach endet gem. § 188 II Var. 1 BGB die Frist mit Ablauf des nächsten Werktages, mithin am 03.01. um 24.00 Uhr. Die Einlegung des Widerspruchs erfolgte somit fristgemäß.

Fraglich ist aber, ob das Widerspruchsverfahren trotz Zurückweisung des Widerspruchs als verfristet „ordnungsgemäß" i.S.v. § 68 I VwGO durchgeführt wurde. Ordnungsgemäß durchgeführt ist das Vorverfahren aber auch dann, wenn es – zum Beispiel, wenn der Widerspruch als unzulässig zurückgewiesen wird – erfolglos durchgeführt wurde. Fehler der Behörde im Widerspruchsverfahren können schließlich nicht zu Lasten des Klägers gehen und die Klage unzulässig machen. Das gem. § 68 I S. 1 VwGO erforderliche Vorverfahren hat somit stattgefunden.

V. Klagefrist (§ 74 VwGO)

Gem. § 74 I S. 1 VwGO muss die Klage innerhalb eines Monats nach Zustellung des Widerspruchsbescheids erhoben werden. Der Widerspruchsbescheid wurde am 11.01. per

---

[4] Neben dieser „verwaltungsverfahrensrechtlichen Lösung" kommt als „verwaltungsprozessuale Lösung" für die Fristberechnung § 57 II VwGO i.V m. §§ 222 ZPO, 187 ff. BGB in Betracht. Der Streit über die Berechnung der Widerspruchsfrist ist der Tatsache geschuldet, dass das Widerspruchsverfahren eine Zwischenstellung zwischen Verwaltungsverfahren und Verwaltungsprozess einnimmt.

Einschreiben abgeschickt. § 73 III S. 2 VwGO verweist für die Zustellung von Widerspruchsbescheiden auf das Verwaltungszustellungsgesetz (VwZG).
Nach § 4 I VwZG gilt ein mittels eingeschriebenen Briefes übermitteltes Schriftstück als am dritten Tag nach Aufgabe zur Post als zugestellt. Demnach ist dem H hier der Widerspruchsbescheid (fiktiv) am 14.01. zugestellt worden. Für die Berechnung der Frist gilt § 57 II VwGO i.V.m. § 222 I, II ZPO. Fristende ist demnach der 14.02. um 24.00 Uhr.

H hat die Klagefrist nach § 74 I VwGO somit eingehalten.

VI. Klagegegner (§ 78 VwGO[5])

Nach § 78 I Nr. 1 VwGO ist eine Anfechtungsklage grundsätzlich gegen den Rechtsträger der handelnden Behörde zu richten. Dies ist vorliegend die Gemeinde G.

Hinweis: Etwas anderes gilt allein dann, sofern das Landesrecht vorsieht, dass eine Klage auch unmittelbar gegen die den Verwaltungsakt erlassende Behörde zulässig ist (§ 78 I Nr. 2 VwGO). Dies ist beispielsweise in Niedersachsen der Fall (vgl. § 79 NJG).

VII. Ergebnis der Zulässigkeitsprüfung

Die Anfechtungsklage des H vor dem Verwaltungsgericht ist zulässig.

Hinweis: Die hier geprüften Zulässigkeitsvoraussetzungen müssen bei der Anfechtungsklage immer, wenn auch mitunter nur kurz, geprüft werden. Weitere Zulässigkeitsvoraussetzungen, wie z.B. Beteiligten- und Prozessfähigkeit, Rechtsschutzbedürfnis, Zuständigkeit des Gerichts usw., sind nur zu prüfen, wenn hierfür Hinweise im Sachverhalt enthalten sind.

---

[5] Die Zuordnung des § 78 VwGO ist umstritten. Die inzwischen wohl überwiegende Ansicht geht jedoch davon aus, dass die Vorschrift die Frage der passiven Prozessführungsbefugnis – des richtigen Klagegegners – im Rahmen der Zulässigkeit regelt. Siehe dazu *Rozek*, JuS 2007, S. 601 ff.

Abwandlung: H erhält, wie im Ausgangsfall auch, den am Dienstag, dem 11.01. als Einschreiben zur Post gegebenen Widerspruchsbescheid am 12.01. ausgehändigt. Am Ende des Widerspruchsbescheides ist eine Rechtsbehelfsbelehrung abgedruckt. In dieser heißt es auszugsweise: „Die Klage ist innerhalb von 6 Wochen nach Zustellung des Widerspruchsbescheides schriftlich beim Verwaltungsgericht G, [...], zu erheben." Am Dienstag, 28.02. erhebt H Klage vor dem Verwaltungsgericht. Ist die Klage rechtzeitig eingelegt worden?

I. Klagefrist gem. § 74 I S. 1 VwGO
II. Klagefrist gem. §§ 74 I S. 1, 58 II S. 1 VwGO
1. 6-Wochen-Frist
2. Schriftform
III. Ergebnis

Die Klage ist rechtzeitig eingelegt, wenn die Klagefrist eingehalten wurde (§§ 74, 58 VwGO).

I. Klagefrist (§ 74 I VwGO)

Nach **§ 74 I S. 1 VwGO** muss die Klage innerhalb von einem Monat nach Zustellung des Widerspruchsbescheids erhoben werden. Hier wurde der Widerspruchsbescheid nach § 73 III S. 2 VwGO i. V. m. § 4 I VwZG (fiktiv) am 14.01. zugestellt. Die Frist zur Klageerhebung wäre demnach am 14.02. abgelaufen und die Klageerhebung vom 28.02. wäre verfristet und die Klage damit unzulässig.

II. Klagefrist gem. §§ 74 I S. 1, 58 II S. 1 VwGO

Fraglich ist allerdings, ob die Frist nach § 74 I S. 1 VwGO überhaupt zu laufen begonnen hat. Nach § 58 I VwGO beginnt die Frist für ein Rechtsmittel nur dann zu laufen, wenn der Beteiligte eine ordnungsgemäße Rechtsbehelfsbelehrung erhalten hat. Ansonsten gilt die Jahres-frist des § 58 II VwGO ab Zustellung.

Hinweis: Streng genommen beginnt hier keine Rechtsmittelfrist zu laufen, sondern § 58 II VwGO begründet eine sog. *Ausschlussfrist.* Falsch wäre deshalb die Formulierung, die Frist verlängere sich auf ein Jahr.

Fraglich ist deshalb, ob hier eine ordnungsgemäße Rechtsbehelfsbelehrung vorlag.

1. Sechs-Wochen-Frist

In dem Widerspruchsbescheid wurde dem H eine (falsche) Klagefrist von 6 Wochen mitgeteilt. Die korrekte Klagefrist nach § 74 I S. 1 VwGO beträgt einen Monat. Fraglich ist, ob dies den Lauf der Frist gemäß § 58 I VwGO verhindert.

Allein nach dem Wortlaut des § 58 I und II VwGO könnte man dies annehmen. Jedoch ist nach h. M. bei Angabe einer zu lang bemessenen Frist nicht § 58 VwGO einschlägig, vielmehr ist die angegebene längere Frist maßgeblich. Begründet wird diese Ansicht mit der Zwecksetzung des § 58 VwGO. Der Fristlauf soll nur dann gehemmt sein, wenn die unrichtige oder unvollständige Rechtsbehelfsbelehrung geeignet ist, dem Betroffenen die Einlegung des Rechtsmittels nennenswert zu erschweren. Bei einer zu lang bemessenen Rechtsmittelfrist besteht diese Gefahr indes nicht.

Demnach ist vorliegend grds. die 6-Wochen-Frist maßgeblich, welche am 25.02. enden würde. Da es sich jedoch bei dem 25.02. um einen Samstag handelt, ist die Frist erst am Montag, dem 27.02. abgelaufen (§ 193 BGB). Die Klage des H – eingegangen am 28.02. – war demnach grds. verfristet.

2. Schriftform

Etwas anderes könnte sich jedoch ergeben, wenn die gegebene Rechtsbehelfsbelehrung noch aus anderen Gründen fehlerhaft war und deshalb die Ausschlussfrist des § 58 II VwGO greift.

In der Belehrung wird für die Klage *Schriftform* vorgegeben. Nach § 81 I S. 2 VwGO können Klagen vor dem Verwaltungsgericht jedoch auch zur Niederschrift des Urkundsbeamten der Geschäftsstelle erhoben werden.

Allerdings handelt es sich bei den Vorgaben über die Erhebung der Klage nicht um eine nach § 58 I VwGO notwendige Angabe. Hierüber hätte demnach gar nicht belehrt werden müssen. Aus dem oben erwähnten Zweck des § 58 VwGO ergibt sich jedoch nach h. M., dass Angaben, die nach § 58 I VwGO nicht gegeben werden müssen, im Falle ihrer Erwähnung korrekt sein müssen, wenn sie ansonsten die Einlegung des Rechtsmittels erschweren.

Die Beschränkung auf die Schriftform kann z. B. Personen, die der deutschen Sprache nicht mächtig sind, davon abhalten, ein entsprechendes Rechtsmittel einzulegen. Deshalb hat im vorliegenden Fall die Frist des § 74 I VwGO gem. § 58 I VwGO nicht zu laufen begonnen. Da die Ausschlussfrist des § 58 II VwGO noch nicht abgelaufen ist, erfolgte die Klageerhebung des H fristgemäß.

III. Ergebnis

Aufgrund der fehlerhaften Rechtsbehelfsbelehrung ist die Klage des H nach §§ 74, 58 VwGO fristgemäß eingelegt.

Fall 4: „Wir werden ausgezogen“ e.V.

▸ **Standort:** Zulässigkeit und Begründetheit der Anfechtungsklage

Kneipen King K (22. Semester Jura) und Langschläfer L (24. Semester BWL) haben von ihren Eltern eine Deadline zur baldigen Beendigung ihres Studiums gesetzt bekommen. Bei erfolglosem Ablauf der Frist werden die Eltern jegliche Zahlungen einstellen. Da die beiden aber gerne noch ein paar Jahre studieren wollen und ein erfolgreicher Abschluss nach neuer Ausbildungsordnung auch noch längere Zeit in Anspruch nehmen wird, überlegen die beiden erst mal, wie sie auch ohne das Geld der Eltern auskommen können. Als erheblicher Kostenfaktor wird schnell der Semesterbeitrag von 250 € ausgemacht. So beschließen die beiden, noch einmal den friedlichen Kampf der Studenten gegen die Studiengebühren wieder zu beleben. Flugs gründen sie den Verein „Wir werden ausgezogen“ e.V. und wollen nun Demos gegen den Semesterbeitrag organisieren.

Tatsächlich gewinnen die beiden eine erhebliche Anzahl von Studenten für ihre Idee und melden am 01.01. für den 01.04. eine Demo an, bei der zum Zwecke der Erhöhung des öffentlichen Interesses die Teilnehmer nackt durch die Innenstadt flanieren wollen. Mit Bescheid vom 10.01. wird den beiden durch das zuständige Ordnungsamt die Demo untersagt, da durch das geplante nackte Auftreten das Sittlichkeitsgefühl der Passanten erheblich gestört würde. Nach eingelegtem und ausführlich begründetem Widerspruch durch L und K erlässt die Behörde einen umfassend begründeten, jedoch ablehnenden Widerspruchsbescheid. Am 24.01. erheben L und K Klage vor dem Verwaltungsgericht. Hat die Klage Aussicht auf Erfolg?

A. Zulässigkeit
I. Eröffnung des Verwaltungsrechtsweges
II. Statthafte Klageart
III. Klagebefugnis (§ 42 II VwGO)
IV. Vorverfahren (§ 68 VwGO)
V. Klagefrist (§ 74 I VwGO)

VI. Klagegegner (§ 78 VwGO)
VII. Ergebnis der Zulässigkeitsprüfung
B. Begründetheit
I. Rechtmäßigkeit der Verbotsverfügung
1.Ermächtigungsgrundlage § 15 I VersammlG
2. Formelle Rechtmäßigkeit
a) Zuständigkeit
b) Verfahren
aa) Anhörung gem. § 28 I VwVfG
bb) Rechtsfolge
c) Form
d) Zwischenergebnis
3. Materielle Rechtmäßigkeit
a)Voraussetzungen der EGL § 15 I VersammlG
aa) Öffentliche Sicherheit
bb) Öffentliche Ordnung
b) Richtige Rechtsfolge – Ermessen
aa) Legitimer Regelungszweck und legitimes Mittel
bb) Geeignetheit
cc) Erforderlichkeit
dd) Angemessenheit (VHM i e.S.)
II. Subjektive Rechtsverletzung
D. Ergebnis

Die Klage von L und K hat Aussicht auf Erfolg, wenn sie zulässig und begründet ist.

A. Zulässigkeit

I. Eröffnung des Verwaltungsrechtsweges

Eine aufdrängende Sonderzuweisung zum Verwaltungsgericht ist nicht ersichtlich. Die Eröffnung des Verwaltungsrechtsweges richtet sich daher nach den Voraussetzungen der Generalklausel des § 40 I S. 1 VwGO. Danach müsste eine öffentlich-rechtliche Streitigkeit nichtverfassungsrechtlicher Art vorliegen. Streitgegenstand ist vorliegend die Untersagung der von K und L geplanten Demonstration. Die hierbei streitentscheidenden Normen sind solche des Versammlungsgesetzes. Da diese einseitig einen Träger öffentlicher Gewalt berechtigen bzw. verpflichten, sind sie nach Maßgabe der mod. Subjektstheorie öffentlich-rechtlich.

Es handelt sich folglich um eine öffentlich-rechtliche Streitigkeit. Auch wenn hier das grundgesetzlich geschützte Recht auf Versammlungsfreiheit (Art. 8 GG) tangiert ist, bildet dies nicht den Schwerpunkt der Streitigkeit und es fehlt auch auf personaler Ebene an der Verfassungsunmittelbarkeit. Die Streitigkeit ist also zudem nichtverfassungsrechtlicher Art. Eine abdrängende Sonderzuweisung ist ebenfalls nicht ersichtlich. Der Verwaltungsrechtsweg ist somit nach § 40 I S. 1 VwGO eröffnet.

II. Statthafte Klageart

Die statthafte Klageart richtet sich gem. § 88 VwGO nach dem Begehren der Kläger. L und K begehren vorliegend die Aufhebung des Demonstrationsverbots[6]. Statthafte Klageart könnte daher die Anfechtungsklage gem. § 42 I, 1. Alt. VwGO sein, sofern es sich bei der Anordnung der Behörde um einen Verwaltungsakt handelt. Der von der Behörde erlassene Bescheid weist inhaltich alle Merkmale eines Verwaltungsaktes i.S.d. § 35 S. 1 VwVfG auf. Somit ist hier die Anfechtungsklage die statthafte Klageart.

III. Klagebefugnis (§ 42 II VwGO)

K und L müssten nach § 42 II VwGO klagebefugt sein. Dies ist der Fall, wenn durch das Verbot der Versammlung eine Verletzung ihrer subjektiven Rechte möglich erscheint (Möglichkeitstheorie). Eine Verletzung von Art. 8 I GG kann vorliegend nicht von vornherein ausgeschlossen werden und – da es sich um einen belastenden VA handelt – können K und L nach dem Adressatengedanken zumindest subsidiär eine mögliche Verletzung von Art. 2 I GG geltend machen. Sie sind demnach nach § 42 II VwGO klagebefugt.

---

[6] Eine Versammlung muss nach dem VersammlG des Bundes nicht genehmigt werden. Gem. § 14 VersammlG besteht lediglich die Pflicht, die Versammlung anzumelden, wobei die Behörde dann die Möglichkeit hat, die Versammlung zu verbieten oder mit Auflagen zu belegen.

IV. Vorverfahren (§ 68 VwGO)

Nach § 68 I S.1 VwGO müsste vor der Erhebung der Anfechtungsklage ein behördliches Vorverfahren stattgefunden haben (zur *Entbehrlichkeit* siehe den Hinweis auf Seite 29). K und L haben Widerspruch gegen den ursprünglichen Bescheid eingelegt, der negativ beschieden worden ist. Das Vorverfahren wurde somit ordnungsgemäß durchgeführt.

V. Klagefrist (§ 74 I VwGO)

K und L müssten die Klage fristgemäß, also gemäß § 74 I VwGO innerhalb eines Monats nach Zustellung des Widerspruchsbescheids, eingelegt haben. Da der Erstbescheid vom 10.01. stammt, erst hiernach der Widerspruchsbescheid ergangen ist und bereits am 24.01. Klage erhoben wurde, wurde die Monatsfrist des § 74 I VwGO unabhängig vom exakten Datum der Zustellung jedenfalls gewahrt.

VI. Klagegegner (§ 78 VwGO)

Mangels entsprechender Hinweise ist davon auszugehen, dass das Landesrecht keine Bestimmung i.S.d. § 78 I Nr. 2 VwGO enthält. Die Klage ist daher – nach dem in § 78 I Nr. 1 VwGO normierten Rechtsträgerprinzip – gegen die entsprechende Gemeinde als Rechtsträger der Ordnungsbehörde zu richten.

VII. Ergebnis der Zulässigkeitsprüfung

Die Klage ist als Anfechtungsklage vor dem Verwaltungsgericht zulässig.

B. Begründetheit

Die Anfechtungsklage ist nach **§ 113 I S. 1 VwGO** begründet, soweit der angefochtene Verwaltungsakt, also die Verbotsverfügung, rechtswidrig ist und K und L dadurch in ihren Rechten verletzt sind.

Hinweis: Dieser Obersatz verdeutlicht bereits den zweistufigen Aufbau der Begründetheitsprüfung. Erstens Prüfung der Rechtmäßigkeit des VA und zweitens Prüfung der Verletzung subjektiver Rechte des Klägers! Achten Sie darauf, die Norm des § 113 I 1 VwGO zu zitieren („soweit").

I. Rechtmäßigkeit der Verbotsverfügung

Die Verbotsverfügung ist rechtmäßig, wenn sie sich auf eine taugliche Ermächtigungsgrundlage stützen lässt und von dieser formell und materiell rechtmäßig Gebrauch gemacht wurde.

1. Ermächtigungsgrundlage § 15 I VersammlG (Bund)[7]

Wegen des Prinzips des Vorbehalts des Gesetzes müsste die Behörde ihr Handeln zunächst auf eine taugliche Ermächtigungsgrundlage stützen können. Nach § 15 I Versammlungsgesetz können geplante Versammlungen unter freiem Himmel unter den dort aufgeführten Voraussetzungen verboten werden. Mithin bildet § 15 VersammlG die Ermächtigungsgrundlage für das hier ausgesprochene Verbot.

Hinweis: Eine inzidente Überprüfung der Recht- bzw. Verfassungsmäßigkeit der Rechtsgrundlage sollte nur dann erfolgen, wenn daran Zweifel bestehen. Dies kann bei Gesetzen (Rechtsverordnungen oder Satzungen) insbesondere der Fall sein, wenn es sich um fiktive bzw. neue Gesetze handelt, die Verfassungsmäßigkeit des Gesetzes bekanntermaßen umstritten ist oder Angaben im Sachverhalt die Verfassungsmäßigkeit der Rechtsgrundlage anzweifeln. Vorliegend käme eine solche (kurze) Prüfung durchaus in Betracht, da – wie Ihnen aus Staatsrecht II bekannt sein sollte – gewisse Bedenken im Hinblick auf die Vereinbarkeit des § 15 VersG mit Art. 8 I GG bestehen. Gleichwohl wird hier auf

[7] Die Gesetzgebungskompetenz für das Versammlungsrecht liegt zwar seit dem Inkrafttreten der Föderalismusreform (01.09.2006) bei den Ländern, solange diese indes von ihrer Gesetzgebungskompetenz keinen Gebrauch gemacht haben, gilt das Versammlungsgesetz des Bundes gem. Art. 125a I GG fort. Sie sollten sich daher darüber informieren, ob in Ihrem Bundesland zwischenzeitlich bereits ein (vorrangiges) Landes-Versammlungsgesetz erlassen wurde wie etwa in *Bayern, Berlin, Niedersachsen, NRW, Sachsen, Sachsen-Anhalt und Schleswig-Holstein.*

eine solche Prüfung verzichtet, um nicht allzu sehr von den verwaltungsrechtlichen Problemen abzulenken.

2. Formelle Rechtmäßigkeit

Der VA müsste formell rechtmäßig erlassen worden sein (Zuständigkeit, Verfahren, Form).

a) Zuständigkeit

Laut Sachverhalt hat die zuständige Behörde gehandelt.

b) Verfahren

Der Verbotsbescheid müsste verfahrensfehlerfrei erlassen worden sein. Die allgemeinen (Verwaltungs-) Verfahrensgrundsätze sind in den §§ 9 ff. VwVfG geregelt.

aa) Anhörung gem. § 28 VwVfG

Ein Verfahrensfehler könnte sich vorliegend daraus ergeben, dass K und L vor Erlass der Verbotsverfügung als einem in ihre Rechte eingreifenden Verwaltungsakt entgegen der Anordnung in § 28 I VwVfG nicht angehört wurden. Eine Anhörung war auch nicht gem. § 28 II VwVfG entbehrlich, da keiner der dort genannten Ausnahmetatbestände eingreift. Mithin hätten K und L vor Erlass der Verbotsverfügung angehört werden müssen. Der VA leidet somit aufgrund der unterbliebenen Anhörung unter einem Verfahrensfehler.

bb) Rechtsfolge

Ein VA, der verfahrensfehlerhaft zustande gekommen ist, ist rechtswidrig und grundsätzlich nach § 113 I S.1 VwGO aufzuheben. Allerdings sind nach § 45 VwVfG bestimmte Verfahrensfehler unbeachtlich, wenn die unterlassene Maßnahme rechtzeitig nachgeholt wird. Nach § 45 I Nr. 3, II VwVfG kann die Anhörung der Beteiligten noch bis zur letzten Tatsacheninstanz des verwaltungsgerichtlichen Verfahrens nachgeholt werden (beachte: teilweise abweichende LandesVwVfG).

Eine ausdrücklich eingeräumte Möglichkeit zur Stellungnahme wurde L und K durch die Behörde bislang nicht gewährt. Fraglich ist nun, ob infolge des durchgeführten Widerspruchsverfahrens gleichzeitig das Erfordernis der Anhörung erfüllt wurde. Nach h. M. ist dies der Fall, wenn der Betroffene innerhalb des Widerspruchsverfahrens die Möglichkeit der Stellungnahme hatte und die Widerspruchsbehörde die Ausführungen des Widerspruchsführers bei ihrer Entscheidung berücksichtigt hat. Eines ausdrücklichen Hinweises bzw. eines gesonderten Anhörungsverfahrens bedarf es dann zusätzlich nicht mehr.

Da L und K ihren Widerspruch ausführlich begründet haben und nicht erkennbar ist, dass die Widerspruchsbehörde die Stellungnahme „ignoriert" hat, wurde der Verfahrensfehler der nicht durchgeführten Anhörung durch das Widerspruchsverfahren nach § 45 I Nr. 3 VwVfG geheilt.

c) Form

Der Verbotsbescheid wurde auch formgerecht erlassen. Insbesondere wurden Ausgangs- und Widerspruchsbescheid begründet (vgl. § 39 VwVfG, § 73 VwGO).

d) Zwischenergebnis

Der Verbotsbescheid ist somit formell rechtmäßig ergangen.

3. Materielle Rechtmäßigkeit

Der Verbotsbescheid müsste weiterhin materiell rechtmäßig sein. Ein VA ist grds. dann rechtmäßig, wenn auf der Tatbestandsseite die Voraussetzungen der Ermächtigungsgrundlage vorliegen und die Behörde auf der Rechtsfolgenseite eine zulässige Maßnahme ergriffen hat.

Hinweis: Durch die Normstruktur des Gesetzes wird damit praktisch im Rahmen der materiellen Rechtmäßigkeit von Verwaltungshandlungen der Prüfungsaufbau vorgegeben. Verwaltungsrechtliche Eingriffsgrundlagen sind typischerweise konditional formuliert. Sie enthalten einen *Tatbestand*, der die Voraussetzungen des behördlichen Handelns normiert, und eine *Rechtsfolge*, die Art und Umfang der möglichen zu ergreifenden Maßnahmen bestimmt („Wenn..., dann...").

a) Voraussetzungen der EGL § 15 I VersammlG

Zunächst ist daher zu prüfen, ob die Tatbestandsvoraussetzungen des § 15 I VersammlG vorlagen. Danach kann eine Versammlung unter freiem Himmel verboten werden, wenn zum Zeitpunkt des Erlasses Umstände erkennbar sind, durch welche die Versammlung die öffentliche Sicherheit und/oder Ordnung gefährden wird. Die geplante Demonstration stellt eine Versammlung unter freiem Himmel i.S.d. Versammlungsgesetzes dar. Fraglich ist, ob von dieser eine Gefahr für die öffentliche Sicherheit oder Ordnung ausgeht.

aa) Öffentliche Sicherheit

Das Vorhaben, nackt durch die Straßen zu ziehen, könnte eine Gefahr für die öffentliche Sicherheit darstellen. Unter *Gefahr* im hier maßgeblichen Sinn versteht man die hinreichende Wahrscheinlichkeit eines Schadens für das betroffene Rechtsgut. Schutzgüter der ***öffentlichen Sicherheit*** sind die *objektive Rechtsordnung*, die *subjektiven Rechte und Rechtsgüter des Einzelnen* sowie *der Bestand der Einrichtungen und Veranstaltungen des Staates* und der *sonstigen Träger der Hoheitsgewalt.*

Hinweis: Beim Begriff der öffentlichen Sicherheit handelt es sich um einen unbestimmten Rechtsbegriff. Solche unbestimmten Rechtsbegriffe auf der Tatbestandsseite sind – bis auf wenige Ausnahmen – von den Verwaltungsgerichten vollständig überprüfbar. Hier liegt damit ein bedeutender Unterschied zu der sogleich darzustellenden Ermessensprüfung auf der Rechtsfolgenseite.

Eine Gefahr für die objektive Rechtsordnung ist anzunehmen, wenn durch die bevorstehenden Handlungen die Verletzung geschriebenen Rechts droht. Vorliegend könnte das nackte Auftreten, verbunden mit der zwangsläufig damit einhergehenden Zurschaustellung primärer Geschlechtsorgane, eine Verletzung des § 183 StGB darstellen (Exhibitionistische Handlungen). Jedoch setzt § 183 StGB voraus, dass die Entblößungshandlung aufgrund einer sexuellen

Motivation stattfindet. Eine solche ist hier wohl nicht gegeben. Gleiches gilt für § 183 a StGB (Erregung öffentlichen Ärgernisses). Dieser Straftatbestand verlangt die Vornahme einer sexuellen Handlung, die nicht allein in dem bloßen Nacktsein zu sehen ist. Eine sonstige Verletzung von Schutzgütern der öffentlichen Sicherheit ist nicht ersichtlich.

bb) Öffentliche Ordnung

Schutzgut der ***öffentlichen Ordnung*** sind alle *ungeschriebenen Regeln, deren Befolgung nach den jeweils herrschenden sozialen und ethischen Anschauungen der Gesellschaft als unerlässliche Voraussetzung eines geordneten menschlichen Zusammenlebens* angesehen wird. Diese Wertvorstellungen unterliegen sowohl zeitlich als auch regional erheblichen Schwankungen. Was 1960 auf einem Dorf als „unsittlich" angesehen wurde, mag 2022 in einer Großstadt als normal empfunden werden.

Im hier zu entscheidenden Fall würden durch die Nacktheit der Demonstranten die zufällig anwesenden Passanten (auch z. B. Kinder) unfreiwillig und überraschend mit dem Anblick der Nacktheit konfrontiert. Hierdurch wäre eine Verletzung der öffentlichen Ordnung zu erwarten. Mithin liegt eine Gefahr für das geschützte Rechtsgut vor. Die Tatbestandsvoraussetzungen der Ermächtigungsgrundlage des § 15 I VersammlG, nämlich eine Gefahr für die öffentliche Ordnung sind damit gegeben.

b) Richtige Rechtsfolge – Ermessen

Nach § 15 I VersammlG *kann* die Behörde die Versammlung verbieten, sie *muss* es jedoch nicht. Vielmehr ist ihr diesbezüglich ein sog. Ermessen eingeräumt.

Exkurs: Entscheidungsspielräume der Verwaltung

Die Rechtsfolgen verwaltungsrechtlicher Ermächtigungsgrundlagen können grds. in drei Kategorien eingeteilt werden. Bei einer gebundenen Entscheidung („ist", „muss") hat die Behörde keinen eigenen Entscheidungsspielraum, sondern muss bei Vorliegen der

Tatbestandsvoraussetzungen die vorgesehene Rechtsfolge erlassen. Viele verwaltungsrechtliche Normen sehen aber vor, dass die Verwaltung bei Verwirklichung des gesetzlichen Tatbestands in Bezug auf die Rechtsfolge zwischen verschiedenen Handlungsmöglichkeiten wählen kann. Zur Kennzeichnung dieser Konstellation verwendet der Gesetzgeber Formulierungen wie „kann" oder „darf". Der seltenere Fall einer Sollvorschrift („soll") kann als Kombination beider Regelungstypen verstanden werden, der allerdings näher bei der gebundenen Entscheidung liegt. Im typischen Fall verpflichtet sie die Behörde bestimmte Rechtsfolgen zu erlassen, in Ausnahmefällen kann die Behörde aber auch von dieser Rechtsfolge absehen.

Das durch Gesetz eingeräumte *Ermessen* soll die handelnde Behörde in die Lage versetzen, ausgehend vom Regelungszweck der Norm eine dem Einzelfall angemessene und sachgerechte Entscheidung zu treffen. Allerdings ist die Behörde bei der Ermessensausübung nicht völlig frei, sondern § 40 VwVfG gibt dem behördlichen Ermessen einen gesetzlichen Rahmen. Die Norm verlangt, dass das Ermessen *„entsprechend dem Zweck der gesetzlichen Ermächtigung auszuüben"* ist sowie *„die Grenzen des Ermessens einzuhalten"* sind. Die Beachtung dieser rechtlichen Bindungen unterliegt gem. § 114 S. 1 VwGO der gerichtlichen Kontrolle, die Gerichte dürfen jedoch keine eigenen Ermessenserwägungen anstellen. Zur Überwachung des rechtlichen Rahmens des Ermessens bedienen sich die Gerichte der sog. *Ermessens-fehlerlehre*, mit der die in § 40 VwVfG und § 114 S. 1 VwGO enthaltenen Vorgaben konkretisiert werden.

Von einem Ermessensfehler, der zur Rechtswidrigkeit der Entscheidung führt, ist auszugehen, wenn die Behörde:

1. von dem ihr zustehenden Ermessen überhaupt keinen Gebrauch gemacht hat, etwa weil sie irrtümlich verkennt, dass Ermessen besteht (sog. ***Ermessensnichtgebrauch*** oder ***Ermessensunterschreitung***);

2. eine Anordnung trifft, die außerhalb des gesetzlich abgesteckten Rechtsfolgerahmens liegt (sog. ***Ermessensüberschreitung***). Zu den rechtlichen Grenzen zählen insoweit auch die verfassungsrechtlichen Vorgaben, insbesondere die Grundrechte und der Grundsatz der Verhältnismäßigkeit, teilweise werden diese jedoch auch als eigenständige Punkte geprüft;

3. von ihrem Ermessen in einer dem Zweck der Vorschrift nicht entsprechenden Weise Gebrauch macht, indem sie sachfremde Erwägungen einbezieht (sog. ***Ermessensfehlgebrauch***).

In bestimmten Fällen kann sich die Wahlmöglichkeit der Behörde zwischen verschiedenen Handlungsmöglichkeiten aufgrund der Umstände derart reduzieren, dass nur eine bestimmte Entscheidung als ermessensfehlerfrei erscheint. Ungeachtet des eingeräumten Ermessens ist die Behörde dann verpflichtet, diese Entscheidung zu treffen (sog. ***Ermessensreduzierung auf Null***).

Auf Rechtsfolgenseite ist somit bei Ermessensentscheidungen zu beachten, dass der gerichtliche Prüfungsumfang zurückgenommen ist und der Verwaltung insoweit ein eigenverantwortlicher Entscheidungsspielraum zur Verfügung steht. Die Gerichte überprüfen lediglich die Einhaltung der Ermessensgrenzen (§ 40 VwVfG, § 114 S. 1 VwGO).

Von der Kategorie des Ermessens auf **Rechtsfolgenseite**, sind der Behörde eingeräumte Entscheidungsspielräume auf **Tatbestandsseite** zu unterscheiden. Auf der Tatbestandsseite einer Norm verwendet der Gesetzgeber häufig Begriffe, die inhaltlich sehr vage sind, sog. *unbestimmte Rechtsbegriffe* wie „Härtefall", „öffentliche Sicherheit und Ordnung", „wichtiger Grund", „Zuverlässigkeit" usw. Trotz ihrer sprachlichen Offenheit sind diese Begriffe als vom Gesetzgeber vorgegeben zu verstehen. Ihre Auslegung durch die Verwaltung unterliegt daher grds. vollumfänglich der gerichtlichen Kontrolle.

Nur in seltenen Fällen, in denen der Gesetzgeber selbst der Verwaltung bewusst einen sog. **Beurteilungsspielraum** einräumt, sind unbestimmte Rechtsbegriffe nicht vollständig gerichtlich überprüfbar. Die Rechtsprechung hat einen derartigen Beurteilungsspielraum jedoch lediglich für folgende Sachverhaltskonstellationen anerkannt:

1. Prüfungs- und prüfungsähnliche Entscheidungen;
2. Beamtenrechtliche Beurteilungen;
3. Entscheidungen wertender Art durch Gremien, die weisungsunabhängig, staatsfern und nach besonderen Kriterien zu sammengesetzt sind (z.B. die Bundesprüfstelle zur Indizierung jugendgefährdender Schriften);
4. Prognosen und Risikobewertungen vor allem im Umwelt- und Wirtschaftsverwaltungsrecht.

Auch Beurteilungsspielräume bleiben aber in einem gewissen Umfang der gerichtlichen Kontrolle zugänglich. Erstens müssen die maßgeblichen *Verfahrensvorschriften* eingehalten worden sein. Zweitens ist zu überprüfen, ob die Behörde von einem *zutreffenden Sachverhalt* ausgegangen ist. Drittens dürfen keine *sachfremden Erwägungen* angestellt worden sein. Bei Prüfungsentscheidungen sind zudem viertens die *allgemein anerkannten Bewertungsmaßstäbe* einzuhalten. Und letztlich darf die Entscheidung auch nicht aus sonstigen Gründen willkürlich sein. Wegen der umfassenden Rechtsschutzgarantie des Art. 19 IV GG ist bei der Annahme von Beurteilungsspielräumen Vorsicht geboten. Vielmehr ist auf der Tatbestandsseite als Regel von einer vollen gerichtlichen Überprüfbarkeit auszugehen. Nur bei einer der anerkannten Fallgruppen sollte daher ein Beurteilungsspielraum angenommen werden.

Unbestimmte Rechtsbegriffe einschließlich möglicher Beurteilungsspielräume auf der Tatbestandsseite können selbstverständlich mit Ermessen auf der Rechtsfolgenseite kombiniert werden. Man spricht insoweit von **sog. Kopplungstatbeständen**. Die Eingriffsgrundlage im vorliegenden Fall, § 15 I VersammlG, enthält z.B. auf der Tatbestandsseite die unbestimmten Rechtsbegriffe *öffentliche Sicherheit und Ordnung* und auf der Rechtsfolgenseite ist der Behörde bei ihrer Entscheidung ein Ermessen eingeräumt.

Ermessensentscheidungen sind nur dann rechtmäßig, wenn das Ermessen rechtmäßig ausgeübt wurde, also keine Ermessensfehler vorliegen (§ 40 VwVfG, § 114 VwGO).

Als Ermessensfehler anerkannt sind der sog. *Ermessensnichtgebrauch* oder auch *Ermessensunterschreitung, Ermessensüberschreitung* sowie der sog. *Ermessensfehlgebrauch.* In Betracht kommt vorliegend ein Ermessensfehler in Gestalt der sog. Ermessensüberschreitung. Eine Ermessensüberschreitung liegt nämlich auch dann vor, wenn gegen verfassungsrechtliche Ermessensgrenzen, insbesondere den Verhältnismäßigkeitsgrundsatz verstoßen wurde. Fraglich ist also, ob das Verbot der Demonstration im Lichte von Art. 8 GG als verhältnismäßig angesehen werden kann.

aa) Legitimer Regelungszweck und legitimes Mittel

Der Regelungszweck, Gefährdungen der öffentlichen Ordnung zu verhindern und das vorgesehene Mittel des Versammlungsverbots sind grds. nicht zu beanstanden.

bb) Geeignetheit

Das Verbot ist geeignet, wenn hiermit der angestrebte Zweck, also die Verhinderung der wahrscheinlichen Verletzung der öffentlichen Ordnung erreicht werden kann. Durch das Verbot wird die Demonstration wahrscheinlich nicht stattfinden bzw. kann unter den vereinfachten Voraussetzungen des § 15 III VersammlG aufgelöst werden. Mithin ist das Verbot geeignet, den angestrebten Zweck zu erreichen.

cc) Erforderlichkeit

Das Verbot müsste auch erforderlich sein, also unter mehreren zur Verfügung stehenden, gleich geeigneten das *relativ mildeste Mittel* zur Zweckerreichung sein. Das Gesetz sieht in § 15 I VersammlG ausdrücklich neben dem Verbot die Möglichkeit der Auferlegung von Auflagen vor. Hier wäre durch eine Auflage, vollständig bekleidet zur Demo erscheinen zu müssen oder zumindest die Geschlechtsteile in ausreichendem Maße zu bedecken, der angestrebte Zweck ebenfalls erreichbar gewesen (wie weit eine solche Auflage reichen muss, um dem Sittlichkeitsgefühl zu genügen, ist letztlich eine Wertungsfrage).

Der Erteilung einer solchen Auflage könnte man jedoch entgegenhalten, dass diese ungeeignet wäre, da zu befürchten sei, die Demonstranten hielten sich nicht daran. Auf der anderen Seite bestünde dann auch hier die Möglichkeit der vereinfachten Auflösung nach § 15 III VersammlG. Das Verbot der Demonstration ist mithin nicht das mildeste Mittel und daher schon mangels Erforderlichkeit unverhältnismäßig.

dd) Angemessenheit (VHM i. e. S.)

Streng genommen müsste man daher die Angemessenheit des Demonstrationsverbots gar nicht mehr überprüfen. Aus didaktischen Gründen wird die Prüfung hier gleichwohl vorgenommen.

Das Verbot könnte darüber hinaus unangemessen sein. Bei der Frage der Angemessenheit sind die betroffenen Rechtsgüter gegeneinander abzuwägen. Hierbei ist insbesondere zu berücksichtigen, welche grundsätzliche Wertigkeit die jeweiligen Rechtsgüter haben, wie hoch die Wahrscheinlichkeit einer Verletzung und welche Verletzungsintensität zu erwarten ist. Das Grundrecht auf Versammlungsfreiheit aus Art. 8 GG ist gerade im Hinblick auf die freiheitlich demokratische Gesellschaftsordnung ein wichtiges Grundrecht. Ein Verbot der Versammlung stellt die höchstmögliche Einschränkung dieses Grundrechts dar. Das Sittlichkeits- und Schamgefühl der Bevölkerung hat demgegenüber grundsätzlich nur einen untergeordneten Wert.

Dies bedeutet allerdings noch nicht automatisch, dass es stets hinter Art. 8 GG zurücktreten muss. Unter Berücksichtigung des zur Erforderlichkeit Gesagten jedoch, insbesondere im Hinblick auf die Möglichkeit einer Auflage und der damit verbundenen Möglichkeit der Auflösung bei Zuwiderhandlung, ist ein vollständiges Verbot auch als unangemessen anzusehen. Somit war das Verbot der Demo unverhältnismäßig und damit ermessensfehlerhaft. Die Behörde hat dementsprechend eine unzulässige Rechtsfolge gewählt, was den VA rechtswidrig macht.

II. Subjektive Rechtsverletzung

Eine Verletzung von Art. 8 GG, also von subjektiven Klägerrechten gemäß § 113 I VwGO, ist ebenfalls gegeben.

D. Ergebnis

Das Verbot der Demo war rechtswidrig und verletzt die Kläger in ihren Rechten. Die Klage ist daher zulässig und begründet und hat damit Aussicht auf Erfolg.

Fall 5: „Wir werden ausgezogen“ e.V. II

▸ **Standort:** Zulässigkeit und Begründetheit der Fortsetzungsfeststellungsklage

Wie im Fall 4 haben K und L den Verein „Wir werden ausgezogen“ e.V. gegründet, um mit Demonstrationen gegen die Semestergebühren mobil zu machen. Am 01.01. melden die beiden bei der zuständigen Behörde für den 01.05. eine Demo an, bei der zum Zwecke größerer Aufmerksamkeit geplant ist, dass die Teilnehmer nackt durch die Innenstadt ziehen. Geplant ist, in regelmäßigen Abständen weitere Demos zu organisieren bis ihr „Gegner“ endlich nachgibt. Die Behörde erlässt daraufhin am 10.01. eine Verbotsverfügung, welche es K und L untersagt, die Demo durchzuführen, da das nackte Auftreten das Sittlichkeitsgefühl der Passanten verletze und deshalb untersagt werden müsse. Auf den Widerspruch von K und L erlässt die zuständige Behörde einen ablehnenden Widerspruchsbescheid, der am 28.02. zugestellt wird. Mit am 24.03. beim Verwaltungsgericht eingegangener Klage begehren K und L die Aufhebung der Verbotsverfügung. Am 01.05. hat das Verwaltungsgericht noch nicht über die Klage entschieden und K und L sagen die Demo frustriert ab. Ist die Klage von K und L weiterhin zulässig?

A. Zulässigkeit
I. Eröffnung des Verwaltungsrechtsweges
II. Statthafte Klageart
III. Klagebefugnis (§ 42 II VwGO analog)
IV. Vorverfahren (§ 68 VwGO)
V. Klagefrist (§ 74 VwGO)
VI. Klagegegner (§ 78 VwGO analog)
VII. Fortsetzungsfeststellungsinteresse
B. Ergebnis

Die Klage von K und L ist weiterhin zulässig, wenn die Sachurteilsvoraussetzungen einer verwaltungsgerichtlichen Klage vorliegen.

A. Zulässigkeit

I. Eröffnung des Verwaltungsrechtsweges

Der Streitgegenstand liegt vorliegend im Versammlungsrecht, so dass die streitentscheidenden Normen aus diesem Bereich stammen. Da diese Normen die öffentliche Hand in besonderer Weise berechtigen und verpflichten, liegt nach Maßgabe der modifizierten Subjektstheorie eine öffentlich-rechtliche Streitigkeit vor. Diese ist nicht verfassungsrechtlicher Art und eine anderweitige Rechtswegzuweisung ist gleichfalls nicht ersichtlich. Der Verwaltungsrechtsweg ist mithin über die Generalklausel des § 40 I S. 1 VwGO eröffnet.

II. Statthafte Klageart

Ausgangspunkt für die Ermittlung der statthaften Klageart ist das Begehren der Kläger (§ 88 VwGO). Ursprünglich begehrten K und L die Aufhebung der Verbotsverfügung vom 10.01. Da es sich dabei um einen Verwaltungsakt i.S.d. § 35 S. 1 VwVfG handelt, wäre ursprünglich die Anfechtungsklage die statthafte Klageart gewesen. Da sich die Verbotsverfügung jedoch auf die geplante Demonstration am 1.05. bezog und dieses Datum bereits vergangen ist, könnte nunmehr die Fortsetzungsfeststellungsklage gem. § 113 I S. 4 VwGO die statthafte Klageart sein. Dies ist der Fall, wenn tatsächliche Gründe zu einer Erledigung des (angefochtenen) Verwaltungsaktes geführt haben. Ein Verwaltungsakt hat sich dann erledigt, wenn er keine Rechtswirkungen mehr entfaltet.

Hinweis: Die *Erledigung* kann man verkürzt mit dem Wegfall der Beschwer (Belastung für den Bürger) beschreiben. Dies kann aus rechtlichen, aber auch aus tatsächlichen Gründen der Fall sein, wobei die Grenzen fließend sind. Der Vollzug und die freiwillige Befolgung eines Verwaltungsaktes führen hingegen regelmäßig nicht zur Erledigung des VA, nämlich dann nicht, wenn der Verwaltungsakt als Rechtsgrund für die andauernde Belastung bestehen bleibt. Die wichtigsten Fallgruppen der Erledigung lassen sich dem § 43 II VwVfG entnehmen; z.B. Rücknahme, Widerruf und Zeitablauf.

Die Verbotsverfügung bezog sich vorliegend auf die geplante Demonstration am 01.05. Da dieses Datum bereits verstrichen ist, ist hier eine Erledigung der Ordnungsverfügung durch Zeitablauf eingetreten. Damit ist vorliegend nicht mehr die Anfechtungsklage, sondern die Fortsetzungsfeststellungsklage gem. § 113 I S. 4 VwGO die statthafte Klageart.[8]

III. Klagebefugnis (§ 42 II VwGO analog)

Da die Fortsetzungsfeststellungsklage gleichsam eine Fortsetzung der ursprünglich statthaften Anfechtungsklage ist, gilt das Erfordernis des § 42 II VwGO analog. K und L müssten also geltend machen können, durch die erledigte Verbotsverfügung möglicherweise in ihren Rechten verletzt gewesen zu sein. Vorliegend kann eine Verletzung von Art. 8 I GG nicht von vornherein ausgeschlossen werden und subsidiär können K und L nach dem Adressatengedanken zumindest eine mögliche Verletzung von Art. 2 I GG geltend machen. Sie sind demnach nach § 42 II VwGO analog klagebefugt.

IV. Vorverfahren (§ 68 VwGO)

In der vorliegenden Konstellation einer Erledigung nach Klageerhebung und nach Ablauf der Widerspruchsfrist des § 70 I VwGO ist die Durchführung eines Vorverfahrens – wie bei der Anfechtungsklage – erforderlich. Ansonsten wäre die ursprünglich statthafte Anfechtungsklage bereits nicht zulässig gewesen. Hier wurde jedoch bereits ein Vorverfahren erfolglos durchgeführt. Zu dessen Entbehrlichkeit in manchen Bundesländern siehe den Hinweis auf *Seite 29.*

V. Klagefrist (§ 74 VwGO)

Tritt die Erledigung des Verwaltungsaktes wie vorliegend nach Klageerhebung ein, gilt unstreitig die Klagefrist des

---

[8] Inwieweit die Anfechtungsklage bereits nicht die statthafte Klageart ist, oder es ihr lediglich am Rechtsschutzbedürfnis fehlt, ist umstritten. In jedem Falle ist eine Anfechtungsklage nach Erledigung des angefochtenen VAs unzulässig.

§ 74 I VwGO. Anderenfalls könnten die Zulässigkeitsvoraussetzungen der Anfechtungsklage unterlaufen werden. Im Falle einer bereits verfristeten Anfechtungsklage ist daher auch eine angestrebte Fortsetzungsfeststellungsklage wegen Verfristung unzulässig.

Hinweis: Da es um die Fortsetzung einer zulässigerweise erhobenen Anfechtungsklage geht, bleiben die besonderen Sachurteilsvoraussetzungen der Anfechtungsklage erhalten.

Der Widerspruchsbescheid ist K und L am 28.02. zugegangen und die Klage ist am 24.03. beim VG eingegangen. Die Klageerhebung erfolgte somit fristgemäß.

VI. Klagegegner (§ 78 VwGO analog)

Der Klagegegner bestimmt sich nach einer analogen Anwendung des § 78 I VwGO. Sofern das Landesrecht demnach keine Bestimmung i.S.d. § 78 I Nr. 2 VwGO enthält, ist die Klage nach § 78 I Nr. 1 VwGO gegen die entsprechende Gemeinde als Rechtsträger der Ordnungsbehörde zu richten.

VII. Fortsetzungsfeststellungsinteresse

Als besondere Sachurteilsvoraussetzung der Fortsetzungsfeststellungsklage ist gem. § 113 I S. 4 VwGO ein *besonderes Feststellungsinteresse* („berechtigtes Interesse") erforderlich. Ein solches **Feststellungsinteresse** wird in folgenden drei Fallgruppen angenommen: Wiederholungsgefahr, Rehabilitationsinteresse sowie Präjudiziät.

1. **Wiederholungsgefahr** besteht, wenn hinreichend wahrscheinlich ist, dass sich zwischen denselben Beteiligten dieselbe Rechtsfrage in absehbarer Zeit in einem Parallelfall erneut stellt.

2. Ein **Rehabilitationsinteresse** besteht, wenn die Verwaltung das Ansehen des Betroffenen gegenüber Dritten herabgesetzt hat, der erledigte VA also diskriminierende Wirkung entfaltet. Daneben hat sich aus dem Rehabilitationsgedanken die Gruppe der schweren Grundrechtsverletzungen als eigene Kategorie verselbständigt. Danach besteht ein Feststellungsinteresse, wenn eine schwe-

re Grundrechtsverletzung auf anderem Weg nicht festgestellt werden kann.

3. Das **Präjudizinteresse** beschreibt das Interesse des Klägers an der Vorbereitung eines Schadensersatzprozesses vor den Zivilgerichten, um die Früchte seines Verwaltungsprozesses zu erhalten. Im Schadensersatzprozess muss das ordentliche Gericht die Rechtmäßigkeit des Verwaltungshandelns ggf. als Vorfrage inzident prüfen. Hat sich das VG vor der Erledigung bereits mit der Problematik befasst, wäre es prozessökonomisch nicht sinnvoll, den Prozess mangels Feststellungsinteresse zu beenden und den Streit vor den Zivilgerichten von vorne zu beginnen. **Achtung**: Dies gilt jedoch nur für die Fälle der **Erledigung nach** Klagebeginn, denn ansonsten gibt es noch gar keine „Prozessfrüchte" die erhalten werden können. Der Betroffene kann den geltend gemachten Schadensersatzanspruch dann gleich vor den ordentlichen Gerichten einklagen.

Im vorliegenden Fall planen K und L weitere Demonstrationen. Da davon auszugehen ist, dass die Behörde auch dann wieder eine Verbotsverfügung erlassen wird, ist vorliegend von einer *Wiederholungsgefahr* auszugehen. Damit besteht für K und L das erforderliche Feststellungsinteresse.

VIII. Ergebnis

Da somit alle Sachurteilsvoraussetzungen vorliegen, ist die Klage von K und L weiterhin – nunmehr als Fortsetzungsfeststellungsklage nach § 113 I S. 4 VwGO – zulässig.

Abwandlung: K und L haben am 20.03. für den 01.05. die geplante Demo angemeldet. Am 28.04. wird ihnen nach einer Anhörung durch die Ordnungsbehörde eine Verbotsverfügung zugestellt, welche die Demo untersagt. Begründet wird die Entscheidung damit, dass die Behörde wegen der geplanten Nacktheit und der hieraus resultierenden Gefahr für die öffentliche Ordnung keine andere Wahl hätte, als die Veranstaltung zu verbieten. Der Bescheid wird in gesonderter Begründung für sofort vollziehbar erklärt. In der Rechtsbehelfsbelehrung wird auf die Möglichkeit des Widerspruchs, der Anfechtungsklage und des Eilrechtsschutzes hingewiesen. K und L suchen gegen den Bescheid gerichtlichen Eilrechtsschutz über den indes nicht mehr rechtzeitig entschieden werden kann. Da K und L weitere Demonstrationen planen, erheben sie Mitte Juni Klage vor dem VG mit dem Antrag festzustellen, dass die Verbotsverfügung der Ordnungsbehörde rechtswidrig war und sie in ihren Rechten verletzt hat. Hat die Klage von K und L Aussicht auf Erfolg?

A. Zulässigkeit
I. Eröffnung des Verwaltungsrechtsweges
II. Statthafte Klageart
III. Klagebefugnis (§ 42 II VwGO analog)
IV. Vorverfahren (§ 68 VwGO)
V. Klagefrist (§ 74 VwGO)
VI. Klagegegner (§ 78 VwGO analog)
VII. Fortsetzungsfeststellungsinteresse
VIII. Ergebnis der Zulässigkeitsprüfung
B. Begründetheit
I. Rechtmäßigkeit der Verbotsverfügung
1. Ermächtigungsgrundlage § 15 I VersammlG
2. Formelle Rechtmäßigkeit
3. Materielle Rechtmäßigkeit
a) Voraussetzungen der EGL § 15 I VersammlG
b) Richtige Rechtsfolge – Ermessen
II. Subjektive Rechtsverletzung
D. Ergebnis

Die Klage von K und L hat Aussicht auf Erfolg, wenn sie zulässig und begründet ist.

A. Zulässigkeit

I. Eröffnung des Verwaltungsrechtsweges

Der Verwaltungsrechtsweg könnte über die Generalklausel des § 40 I S. 1 VwGO eröffnet sein. Es handelt sich zunächst um eine öffentlich-rechtliche Streitigkeit, da die streitentscheidenden Normen des Versammlungsrechts die öffentliche Hand in besonderer Weise berechtigen bzw. verpflichten. Die grundrechtliche Stellung von K und L ändert zudem nichts daran, dass mangels doppelter Verfassungsunmittelbarkeit keine Verfassungsstreitigkeit vorliegt.

Aufdrängende oder abdrängende Sonderzuweisungen sind nicht ersichtlich. Der Verwaltungsrechtsweg ist somit gem. § 40 I VwGO eröffnet.

II. Statthafte Klageart

Die statthafte Klageart richtet sich nach dem Klagebegehren (§ 88 VwGO). Vorliegend könnte eine Fortsetzungsfeststellungsklage analog § 113 I S. 4 VwGO statthaft sein. Bei der Verbotsverfügung handelt es sich um einen Verwaltungsakt im Sinne von § 35 S. 1 VwVfG. Dieser müsste sich zudem erledigt haben.

Ein Verwaltungsakt hat sich erledigt, wenn sein Regelungsgehalt keine Rechtswirkungen mehr entfaltet. Die Verbotsverfügung bezog sich vorliegend auf die geplante Demonstration am 01.05. Dieses Datum ist jedoch bereits vergangen. Die Verfügung hat sich demnach durch Zeitablauf gem. § 43 II VwVfG erledigt. Da dies bereits **vor** Klageerhebung geschah, kommt nur eine analoge Anwendung von § 113 I S. 4 VwGO in Betracht, da § 113 I S. 4 VwGO unmittelbar lediglich den Fall regelt, dass sich ein angefochtener VA **nach** Klageerhebung erledigt.

Fraglich ist jedoch, ob die Voraussetzungen einer Analogiebildung vorliegen. Diese setzt zum einen eine planwidrige Regelungslücke und zum anderen eine vergleichbare Interessenlage voraus. An einer planwidrigen Regelungslücke könnte es indes fehlen, wenn man mit einer im Vordringen befindlichen Meinung die allgemeine Feststellungsklage als statthafte Klageart heranzieht.[9]
Die allgemeine Feststellungsklage wird jedoch aus zwei Gründen als unpassend angesehen. Erstens ist die Rechtswidrigkeit eines Verwaltungsaktes kein Rechtsverhältnis i.S.d. § 43 I VwGO. Zweites soll die Subsidiaritätsklausel des § 43 II VwGO eine Anwendung der allgemeinen

---

[9] Vgl. dazu *Wehr*, DVBl. 2001, S. 785 ff. Das BVerwG hat sich zwar terminologisch nicht abschließend festgelegt, bestimmt die Sachurteilsvoraussetzungen jedoch eher parallel zur Feststellungsklage als in Anlehnung an eine („verlängerte") Anfechtungsklage.

Feststellungsklage ausschließen. Folgt man dieser traditionellen Auffassung und hält damit die allgemeine Feststellungsklage nach § 43 VwGO für unanwendbar, besteht eine planwidrige Lücke, die durch eine analoge Anwendung des § 113 I S. 4 VwGO geschlossen werden muss. Die Vergleichbarkeit der Interessenlage ergibt sich dabei daraus, dass der Kläger gleichermaßen schutzwürdig ist, unabhängig davon, ob die Erledigung **vor** oder **nach** Klageerhebung eintritt. Auch im Falle einer schnellen Erledigung darf der Bürger nicht rechtsschutzlos gestellt werden. Demnach ist folglich die Fortsetzungsfeststellungsklage gem. § 113 I S. 4 VwGO analog die statthafte Klageart.

Hinweis: In der Verpflichtungssituation wird ebenfalls die Fortsetzungsfeststellungsklage analog herangezogen. Und zwar in den Fällen der Erledigung **nach** Klageerhebung im Wege einer *einfachen* Analogie und in den Fällen der Erledigung **vor** Klageerhebung in *doppelt analoger* Anwendung (von der unmittelbar geregelten Anfechtungs- zur Verpflichtungsklage und von der Erledigung nach Klageerhebung zur Erledigung vor Klageerhebung).

III. Klagebefugnis (§ 42 II VwGO analog)

K und L müssten gem. § 42 II VwGO analog klagebefugt sein. Eine Verletzung von Art. 8 I GG oder zumindest von Art. 2 I GG lässt sich vorliegend nicht von vornherein ausschließen. Die erforderliche Klagebefugnis ist damit gegeben.

IV. Vorverfahren (§ 68 VwGO)

Ein Vorverfahren nach § 68 I VwGO hat hier nicht stattgefunden, da K und L keinen Widerspruch gegen den Verbotsbescheid eingelegt haben. Fraglich ist jedoch, ob es in der vorliegenden Konstellation einer Erledigung **vor** Klageerhebung und **vor** Eintritt der Bestandskraft überhaupt der Durchführung eines Vorverfahrens bedarf. Dies wird von der ganz überwiegenden Ansicht verneint. Die Argumente dieser Ansicht lassen sich im Wesentlichen aus den

Funktionen des Vorverfahrens (Rechtsschutz des Bürgers, Selbstkontrolle der Verwaltung, Entlastung der Gerichte) herleiten. In einem Vorverfahren kann nämlich weder die vom Bürger angestrebte Aufhebung des (erledigten) Verwaltungsaktes erreicht werden noch gibt es die Möglichkeit, einen dem Bürger dienlichen rechtsverbindlichen „Rechtswidrigkeitsfeststellungsbescheid" zu erlassen. Allein ein Gericht vermag eine in der Öffentlichkeit erfolgende verbindliche Klärung der Rechtmäßigkeit herbeizuführen, auf die sich der Kläger in folgenden, gleichgelagerten Fällen berufen kann. Nach Ansicht der Rechtsprechung ist ein Widerspruchsverfahren daher sogar unstatthaft, da die Verwaltung im Widerspruchsverfahren Entscheidungen korrigieren, nicht aber lediglich die Rechtslage feststellen könne. Die Durchführung eines Vorverfahrens ist damit entbehrlich.

Nochmals: Die Erforderlichkeit der Durchführung eines Vorverfahrens wurde in vielen Bundesländern in weiten Bereichen vollständig abgeschafft, vgl. den Hinweis auf *Seite 29*. Insofern ist unbedingt das jeweilige Landesausführungsgesetz zur VwGO zu beachten. Ist danach die Durchführung eines Vorverfahrens entbehrlich, kann man diese Zulässigkeitsvoraussetzung ganz kurz abhandeln.

V. Klagefrist (§ 74 I VwGO)

Die Verbotsverfügung erging vorliegend bereits am 28.04. K und L erheben jedoch erst Mitte Juni Klage, so dass die Monatsfrist des § 74 I VwGO grds. verstrichen ist. Inwieweit im Falle einer Erledigung vor Klageerhebung überhaupt noch eine Klagefrist gewahrt werden muss, ist jedoch umstritten. Entscheidend gegen die Anwendung des § 74 I VwGO spricht die Funktion der Klagefrist. Die Rechtsbehelfsfrist des § 74 I VwGO soll vorrangig die Bestandskraft von Verwaltungsakten ermöglichen und sichern und damit letztlich dem Rechtsfrieden und der Rechtssicherheit dienen. Die Erledigung nach § 43 II VwVfG führt indes dazu, dass der Verwaltungsakt unwirksam wird. Eine Bestandskraft, die durch Fristen zu sichern wäre, gibt es dann nicht mehr. Dem Interesse der Behörde, sich nicht über einen unbegrenzten

Zeitraum mit Altfällen konfrontiert sehen zu müssen, wird durch das Institut der Verwirkung hinreichend Rechnung getragen.[10] Die Einhaltung einer Klagefrist war für K und L somit vorliegend nicht erforderlich.

Hinweis: Häufig sind mündliche Polizeiverfügungen Gegenstand der Fortsetzungsfeststellungsklage. Diese enthalten oft keine Rechtsbehelfsbelehrungen, so dass ohnehin allenfalls die Jahresfrist des § 58 II VwGO läuft. In diesen Fällen muss der Streit über den Fristlauf gar nicht geklärt werden. Dies muss sich jedoch aus dem zu bearbeitenden Sachverhalt eindeutig ergeben und kann nicht ohne weiteres unterstellt werden!

VI. Klagegegner (§ 78 VwGO analog)

Klagegegner ist gem. § 78 I Nr. 1 VwGO analog der Rechtsträger der Ordnungsbehörde.

VII. Fortsetzungsfeststellungsinteresse

§ 113 I S. 4 VwGO verlangt als besondere Sachurteilsvoraussetzung, dass der Kläger ein berechtigtes Interesse an der Feststellung der Rechtswidrigkeit des erledigten Verwaltungsaktes hat. Da K und L vorliegend weitere Demonstrationen planen, besteht die nahe liegende Möglichkeit, dass unter im Wesentlichen unveränderten tatsächlichen und rechtlichen Gegebenheiten ein vergleichbarer VA wieder ergehen wird. K und L können daher ein besonderes Feststellungsinteresse in Gestalt der Wiederholungsgefahr vorweisen.

VIII. Ergebnis der Zulässigkeitsprüfung

Die Klage von K und L ist zulässig.

B. Begründetheit

Die Fortsetzungsfeststellungsklage ist analog § 113 I S. 4 VwGO begründet, soweit der Verbotsbescheid rechtswidrig war und K und L dadurch in ihren Rechten verletzt wurden.

---

[10] Das Institut der Verwirkung greift dann ein, wenn der Betroffene über einen längeren Zeitraum nichts unternommen hat und die Verwaltung darauf vertrauen konnte, dass der Klageberechtigte von seinem Recht keinen Gebrauch mehr macht. Neben dem Zeitmoment setzt die Verwirkung also auch ein besonderes Umstandsmoment voraus.

I. Rechtmäßigkeit der Verbotsverfügung

Die Verbotsverfügung war rechtmäßig, wenn sie sich auf eine taugliche Ermächtigungsgrundlage stützen lässt und von dieser formell und materiell rechtmäßig Gebrauch gemacht wurde.

1. Ermächtigungsgrundlage § 15 I VersammlG (Bund)

Ermächtigungsgrundlage für ein Verbot einer Versammlung unter freiem Himmel ist § 15 I VersammlG.

2. Formelle Rechtmäßigkeit

Von der formellen Rechtmäßigkeit ist mangels anderweitiger Hinweise im Sachverhalt auszugehen.

3. Materielle Rechtmäßigkeit

Der Verbotsbescheid müsste zudem materiell rechtmäßig sein. Ein Verwaltungsakt ist dann rechtmäßig, wenn auf der Tatbestandsseite die Voraussetzungen der Ermächtigungsgrundlage vorliegen und die Behörde auf der Rechtsfolgenseite eine zulässige Maßnahme ergriffen hat.

a) Voraussetzungen der EGL § 15 I VersammlG

Zunächst ist daher zu prüfen, ob die Tatbestandsvoraussetzungen des § 15 I VersammlG vorlagen. Danach kann eine Versammlung unter freiem Himmel verboten werden, wenn zum Zeitpunkt des Erlasses Umstände erkennbar sind, durch welche die Versammlung die öffentliche Sicherheit und/oder Ordnung gefährden wird. Durch das Vorhaben, anlässlich der Demo tagsüber nackt durch die Innenstadt zu ziehen, ergibt sich eine Gefahr der Verletzung der öffentlichen Ordnung, da es dem Schamgefühl der Bevölkerung widerspricht, unvermittelt mit der öffentlichen Darstellung von Nackten konfrontiert zu werden. Insbesondere könnten davon auch Kinder betroffen sein.

Die Tatbestandsvoraussetzungen des § 15 I VersammlG liegen mithin vor (zur ausführlichen Prüfung sei insoweit auf Fall 4 verwiesen).

b) Richtige Rechtsfolge – Ermessen

Auf Rechtsfolgenseite räumt § 15 I VersammlG der Verwaltung ein Ermessen ein. Ermessensentscheidungen sind nur dann rechtmäßig, wenn keine Ermessensfehler vorliegen (§ 40 VwVfG, § 114 VwGO).

Die hier gewählte Rechtsfolge – die Demonstration vollständig zu untersagen – könnte unter mehreren Ermessensfehlern leiden. In Betracht kommt sowohl ein Ermessensfehler in Gestalt des sog. Ermessensnichtgebrauchs als auch in Gestalt der sog. Ermessensüberschreitung.

Die Behörde hat ihren Bescheid damit begründet, sie habe keine andere Wahl als die Versammlung zu verbieten, da eine Gefahr für die öffentliche Ordnung bestünde. § 15 I VersammlG bestimmt hingegen ausdrücklich, dass die Behörde die Versammlung verbieten *kann,* es sich mithin um eine Ermessenentscheidung handelt. Die Ordnungsbehörde ging aber offensichtlich irrtümlich von einer gebundenen Entscheidung aus. Darin liegt ein Fehler in Form des Ermessensnichtgebrauchs.

Darüber hinaus liegt auch eine Ermessensüberschreitung vor, da ein vollständiges Verbot nicht erforderlich ist und damit insbesondere im Lichte von Art. 8 I GG nicht als verhältnismäßig angesehen werden kann (vgl. dazu Fall 4). Aufgrund der unzulässig gewählten Rechtsfolge ist die Verbotsverfügung materiell rechtswidrig.

II. Subjektive Rechtsverletzung

Eine Verletzung von Art. 8 GG, also von subjektiven Klägerrechten, ist ebenfalls gegeben.

D. Ergebnis

Das Verbot der Demo war rechtswidrig und hat K und L in ihren Rechten verletzt. Ihre Klage ist daher zulässig und begründet und hat mithin Aussicht auf Erfolg.

Fall 6: Markt der 1000 Genüsse

▸ **Standort:** Zulässigkeit und Begründetheit der Verpflichtungsklage, Untätigkeitsklage, Urteilstenor

Die kreisfreie Stadt S betreibt jedes Jahr in der ersten Augustwoche einen großen Jahrmarkt als öffentliche Einrichtung mit dem Namen „Markt der 1000 Genüsse" auf dem zentralen Platz im Ort. Es erfolgt eine Festsetzung gem. § 69 I GewO. Teilnahmeberechtigt soll jeder Anbieter sein, der Unterhaltung oder Waren feilbietet, die dem körperlichen Wohlbefinden dienen. Wegen des begrenzten Platzes werden stets maximal 100 Stände zugelassen. Damit nur solche Anbieter teilnehmen, die den Anforderungen entsprechen und um die mengenmäßige Obergrenze zu gewährleisten, werden die jeweiligen Zulassungen nach einem Auswahlverfahren per Bescheid erteilt. Henning Harzer (H), Betreiber eines „Head-Shops" in S, möchte dieses Jahr ebenfalls mit einem Stand teilnehmen und bewirbt sich daher mit Antrag vom 02.01. bei der zuständigen Behörde um einen Platz auf dem Markt. Auf Nachfrage der Behörde teilt H mit, dass er auf dem Markt Wasserpfeifen mit entsprechendem Zubehör, ver-schiedene Tabaksorten, Bücher über einschlägige Themen wie „Anbau von Zierhanf", „Tantra-Massage", „Kamasutra" u.ä. verkaufen möchte.

Dem zuständigen Sachbearbeiter gefällt dieses Vorhaben überhaupt nicht, er sieht den sittlichen und anständigen Charakter des Marktes gefährdet. Da er sich aber nicht sicher ist, ob er den H zulassen muss, legt er den ganzen Vorgang erst mal zur Seite. Der August rückt näher und am 03.06. hat die Behörde immer noch nicht über den Antrag des H entschieden. H erfährt aber, dass sich in diesem Jahr nur 90 Bewerber angemeldet hatten und auch zugelassen wurden. Daraufhin entschließt sich H, vor dem Verwaltungsgericht auf Zulassung zu dem Markt zu klagen.

Hat seine Klage Aussicht auf Erfolg?

A. Zulässigkeit
I. Eröffnung des Verwaltungsrechtsweges
II. Statthafte Klageart
III. Klagebefugnis (§ 42 II VwGO)
IV. Vorverfahren (§ 68 VwGO)
V. Klagefrist (§ 74 VwGO)
VI. Klagegegner (§ 78 VwGO)
VII. Ergebnis der Zulässigkeitsprüfung
B. Begründetheit
I. Anspruchsgrundlage § 70 I GewO
II. Formelle Voraussetzungen der Anspruchsgrundlage
III. Materielle Voraussetzungen der Anspruchsgrundlage
C. Ergebnis

Die Klage des H hat Aussicht auf Erfolg, wenn sie zulässig und begründet ist.

A. Zulässigkeit

I. Eröffnung des Verwaltungsrechtsweges

Eine auf- oder abdrängende Sonderzuweisung ist nicht ersichtlich.

Der Verwaltungsrechtsweg könnte aber nach § 40 I VwGO eröffnet sein, sofern es sich um eine öffentlich-rechtliche Streitigkeit nichtverfassungsrechtlicher Art handelt. Streitgegenstand ist vorliegend die Zulassung des H zu dem von der Stadt S ausgerichteten Jahrmarkt. Da laut Sachverhalt eine Festsetzung gem. § 69 GewO erfolgt ist, findet sich die streitentscheidende Norm in § 70 GewO. Dieser richtet sich sowohl an öffentlich-rechtliche als auch an private Veranstalter der in den §§ 64 ff. GewO genannten Messen. Die Stadt S betreibt den Markt jedoch als öffentliche Einrichtung mit der Folge, dass es sich um eine öffentlich-rechtliche Streitigkeit handelt.

Die Streitigkeit ist auch nichtverfassungsrechtlicher Art, da keine obersten Verfassungsorgane über spezifisches Verfassungsrecht streiten. Damit ist der Verwaltungsrechtsweg über die Generalklausel des § 40 I S. 1 VwGO eröffnet.

II. Statthafte Klageart

Die statthafte Klageart richtet sich nach dem Begehren des Klägers (§ 88 VwGO). H begehrt vorliegend die Zulassung zu dem von der Stadt S veranstalteten Jahrmarkt. Statthafte Klageart könnte die Verpflichtungsklage gem. § 42 I, 2. Alt. VwGO sein, soweit die Zulassung durch die Stadt Verwaltungsaktqualität besitzt. Die Zulassung zu dem Jahrmarkt wird hier von der Stadt durch Bescheid gewährt, der alle Begriffsmerkmale des § 35 S. 1 VwVfG erfüllt und daher einen Verwaltungsakt darstellt. Folglich ist die Verpflichtungsklage die statthafte Klageart.

III. Klagebefugnis (§ 42 II VwGO)

H müsste gem. § 42 II VwGO klagebefugt sein. Die Klagebefugnis liegt vor, wenn er geltend machen könnte, durch die bisher nicht erfolgte Zulassung möglicherweise in eigenen Rechten verletzt zu sein. Dies ist im Rahmen der Verpflichtungsklage der Fall, wenn die Möglichkeit besteht, dass der Kläger einen Anspruch auf die begehrte Entscheidung (gebundene Entscheidung) oder zumindest auf eine ermessensfehlerfreie Entscheidung der Behörde (bei Vorliegen einer Ermessensentscheidung) hat. Nach § 70 I GewO hat grundsätzlich jedermann, der die vorgegebenen Voraussetzungen erfüllt, das Recht zur Teilnahme an einer festgesetzten Veranstaltung. Ein Anspruch des H ist somit nicht von vornherein ausgeschlossen. Die Klagebefugnis nach § 42 II VwGO ist somit gegeben.

IV. Vorverfahren (§ 68 I VwGO)

Fraglich ist, ob hier das erforderliche Vorverfahren nach § 68 I VwGO durchgeführt wurde. Zwar hat H einen Antrag an die Behörde gerichtet, dieser ist jedoch nicht beschieden worden und es hat dementsprechend auch noch kein Widerspruchsverfahren stattgefunden. Allerdings hat H dies nicht zu verantworten, da der zuständige Sachbearbeiter die Angelegenheit einfach nicht bearbeitet hat.

Allgemein gilt, dass ein nicht (ordnungsgemäß) durchgeführtes Vorverfahren dem Kläger grundsätzlich nur dann zum Nachteil gereichen kann, wenn er die nicht ordnungsgemäße Durchführung auch zu vertreten hat und nicht die Verwaltungsbehörde. Für den hier vorliegenden Fall der schlichten Untätigkeit hat der Gesetzgeber in **§ 75 VwGO** die sog. *Untätigkeitsklage* vorgesehen. Entgegen des Wortlautes handelt es sich hierbei nicht um eine eigene Klageart, sondern lediglich um eine Ausnahme von dem Erfordernis der Durchführung eines Vorverfahrens aus §§ 68 ff. VwGO bei der Verpflichtungsklage.

Die Voraussetzungen des § 75 VwGO sind vorliegend erfüllt: H hat vor über drei Monaten einen Antrag bei der Behörde gestellt, über den bis jetzt noch nicht entschieden wurde. Besondere Umstände gem. § 75 S. 2, 3 VwGO, die eine Verlängerung der Frist im vorliegenden Fall rechtfertigen würden, sind ebenfalls nicht ersichtlich.

V. Klagefrist (§ 74 VwGO)

Da weder ein Erstbescheid noch ein Widerspruchsbescheid ergangen sind, hat ein Fristlauf noch gar nicht begonnen. Eine Verwirkung ist im Hinblick auf § 75 S. 2 VwGO ebenfalls fernliegend.

VI. Klagegegner § 78 I VwGO

Mangels eines entsprechenden Hinweises ist davon auszugehen, dass das Landesrecht keine Bestimmung i.S.d. § 78 I Nr. 2 VwGO enthält, so dass die Klage nach § 78 I Nr. 1 VwGO gegen die Stadt S zu richten ist.

VII. Ergebnis der Zulässigkeitsprüfung

Die Klage des H ist als Verpflichtungsklage nach § 42 I, 2. Alt. VwGO zulässig.

B. Begründetheit

Die Verpflichtungsklage ist nach § 113 V VwGO begründet, soweit die Unterlassung des begehrten Verwaltungsaktes rechtswidrig ist, den Kläger in seinen Rechten verletzt und die Sache spruchreif ist. Dies ist dann der Fall, wenn der Kläger *einen Anspruch auf Erlass des begehrten VAs* hat.

Hinweis: Im Rahmen der Begründetheit der Verpflichtungsklage sind verschiedene Konstellationen zu unterscheiden. Dies hängt damit zusammen, dass es sich bei der Verpflichtungsklage nicht um eine Gestaltungsklage handelt. Die Umsetzung der Entscheidung liegt mithin noch in der Hand der jeweiligen Behörde. Das Gericht kann diese nur verpflichten, in einer bestimmten Form zu verfahren. Bei dieser Verpflichtung darf das Gericht jedoch nicht in Entscheidungsspielräume eingreifen, die allein der Verwaltung obliegen. Offensichtlich wird dies etwa bei Ermessensentscheidungen: hier stellt das Gericht lediglich fest, dass die angegriffene Entscheidung an einem Ermessensfehler leidet. Das heißt jedoch nicht, dass die von der Behörde getroffene Entscheidung nicht durch andere Ermessenserwägungen gerechtfertigt werden könnte. Das Gericht darf die Behörde daher nicht zum Erlass eines bestimmten Verwaltungsaktes verpflichten, sondern lediglich zur Neubescheidung unter Berücksichtigung der Rechtsauffassung des Gerichts (**sog. Bescheidungsurteil**). Am Ende ist es also durchaus denkbar, dass der Kläger von der Behörde weiterhin nicht den von ihm begehrten Verwaltungsakt erhält – lediglich die Begründung und die zugrunde gelegten Ermessenserwägungen sind andere. Ähnliches gilt im Falle von Beurteilungsspielräumen. Auch hier darf das Gericht allein die Beurteilungsspielräume überprüfen, aber keine eigene Beurteilung vornehmen. Prozessrechtlich bedeutet dies, dass die Sache noch nicht spruchreif ist. Begehrt der Kläger vor Gericht gleichwohl den Erlass eines bestimmten Verwaltungsaktes, so hat dies zur Folge, dass er zum Teil unterliegt.

Etwas anderes gilt nur dann, wenn ausnahmsweise eine **Ermessensreduzierung auf Null** vorliegt. Da auch die Behörde hier nur in einer bestimmten Form rechtmäßig handeln könnte, darf das Gericht diese auch unmittelbar zum Erlass dieses bestimmten Verwaltungsaktes verpflichten (sog. **Verpflichtungs-** oder **Vornahmeurteil**).

Für die Klausur bedeutet dies: Sofern es in Betracht kommt, dass selbst bei einer festgestellten Rechtswidrigkeit der Ablehnung des begehrten Verwaltungsaktes durch die Behörde vor Gericht die Spruchreife fehlt, sollten Sie nach dem sog. **Rechtswidrigkeitsaufbau** aufbauen, der sich am Wortlaut des § 113 V VwGO orientiert: Rechtswidrigkeit der Ablehnung, subjektive Rechtsverletzung, Spruchreife.
Ansonsten empfiehlt sich der sog. **Anspruchsaufbau**, bei dem Sie umgehend prüfen, ob der Kläger einen Anspruch auf den begehrten Verwaltungsakt hatte, was stets die Spruchreife voraussetzt (Anspruchsgrundlage, formelle und materielle Voraussetzungen). Dabei ist zu beachten, dass es hier um einen noch zu erlassenden Verwaltungsakt geht. Im Rahmen der formellen Voraussetzungen prüfen Sie daher, ob der verklagte Hoheitsträger zuständig wäre. Sie können zudem darauf hinweisen, welche sonstigen Verfahrens- und Formvoraussetzungen zu beachten wären, dürfen aber nicht den Fehler machen, an dieser Stelle zu prüfen, ob die vorherige Ablehnung durch die Behörde diese Voraussetzungen erfüllt hat. Die Frage der Spruchreife wird im Rahmen der materiellen Voraussetzungen überprüft.

I. Anspruchsgrundlage § 70 I GewO

Als Anspruchsgrundlage kommt hier § 70 I GewO i.V.m. den vorgegebenen Voraussetzungen des Veranstalters in Betracht.

Hinweis: Hier war in der Sachverhaltsdarstellung die Festsetzung der Veranstaltung i.S.d. § 69 I GewO erwähnt. Anderenfalls wäre grds. auf die Landesnorm aus der Gemeindeordnung zur *Zulassung zu öffentlichen Einrichtungen* zurückzugreifen, vgl. z.B. § 10 II GO **BaWü**; § 21 I GO **Bay**; § 12 **BbgKVerf**; § 20 I GO **Hess**; § 14 II KV **MV**; § 30 I **Nds** KomVG; § 8 II GO **NW**; § 14 II GO **RhPf**; § 19 I KSVG **Saarl**; § 10 II GO **Sachs**; § 22 I GO **SA**; § 18 I GO **SH**; § 14 I KO **Thür**.

II. Formelle Voraussetzungen der Anspruchsgrundlage

Die Zulassung des H zu dem Markt könnte formell rechtmäßig ergehen. Die Stadt S wäre als Betreiber des Marktes für die Zulassung zuständig.

III. Materielle Voraussetzungen der Anspruchsgrundlage

Nach § 70 I GewO ist grundsätzlich jeder Teilnehmer zuzulassen, der dem Teilnehmerkreis der festgesetzten Veranstaltung entspricht. Festgesetzt war hier der Teilnehmerkreis dergestalt, dass solche Teilnehmer zugelassen werden sollen, welche Unterhaltung oder Waren feilbieten, die dem körperlichen Wohlbefinden dienen.

H möchte Wasserpfeifen samt Zubehör sowie Bücher zu den Themen Tantra, Hanf und Kamasutra verkaufen. Dies sind allesamt Produkte, die dem körperlichen Wohlbefinden dienen. Auch wenn einige dieser Produkte gemeinhin mit Drogenkonsum in Verbindung gebracht werden, ist mittlerweile z. B. auch der „drogenfreie" Gebrauch von Wasserpfeifen durch Benutzung von Fruchttabak weit verbreitet und wird sogar in öffentlich zugänglichen Gaststätten angeboten.[11] H erfüllt somit die Voraussetzungen der Anspruchsgrundlage.

Fraglich ist jedoch, ob die Sache auch *spruchreif* ist, das heißt, ob der Behörde keine Entscheidungsspielräume mehr verbleiben, die eine abschließende Entscheidung des Gerichts ausschließen.

Da H hier einen Verpflichtungsantrag gestellt hat, ist dieser nur dann vollständig begründet, wenn die Sache *spruchreif* ist, H also einen *gebundenen Anspruch* auf Zulassung zu dem Volksfest hat. Nach § 70 I GewO ist grundsätzlich jeder zuzulassen, der den Vorgaben des Veranstalters entspricht. Wie dargestellt, erfüllt H auch die Vorgaben der Stadt S. Zudem wurden in diesem Jahr erst 90 der 100 vorhandenen freien Plätze auf dem Jahrmarkt vergeben. Das Kontingent war somit noch nicht ausgeschöpft. Der Behörde verblieb daher gem. § 70 III GewO auch kein Auswahlermessen mehr. Mithin liegt Spruchreife der Sache vor.

C. Ergebnis

Die Klage des H ist somit zulässig und vollumfänglich begründet. Das Gericht wird die Behörde verpflichten, den H zu dem Jahrmarkt zuzulassen.

---

[11] Sofern nach dem jeweiligen Landesrecht mittlerweile kein Rauchverbot herrscht.

Abwandlung: Wie im Ausgangsfall hat H den Antrag auf Zulassung am 02.01. gestellt und die erforderlichen Angaben gemacht. Diesmal haben sich einschließlich H insgesamt 110 Antragsteller beworben. Da nur Platz für 100 Stände ist, führt die Behörde ein Auswahlverfahren durch und entscheidet sich gegen H. Die Behörde ist der Auffassung, mit seinen Produkten sei H von allen Anbietern am weitesten von den Vorgaben des Veranstalters entfernt. Tatsächlich ist dem H allerdings bekannt, dass drei Versicherungsmakler zu dem Jahrmarkt zugelassen und außer ihm noch andere Anbieter von Genussmitteln abgelehnt wurden. Nach ordnungsgemäß durchgeführtem, aber erfolglosem Vorverfahren erhebt H wiederum fristgemäß Klage vor dem Verwaltungsgericht mit dem Antrag auf Zulassung zum Jahrmarkt. Hat seine Klage Aussicht auf Erfolg?

A. Zulässigkeit
I. Eröffnung des Verwaltungsrechtsweges
II. Statthafte Klageart
III. Klagebefugnis (§ 42 II VwGO)
IV. Sonstige Zulässigkeitsvoraussetzungen
B. Begründetheit
I. Anspruchsgrundlage § 70 I GewO
II. Formelle Voraussetzungen der AGL
III. Materielle Vorausestzungen der AGL
C. Ergebnis

Die Klage hat Aussicht auf Erfolg, wenn sie zulässig und begründet ist.

A. Zulässigkeit

I. Eröffnung des Verwaltungsrechtsweges

Wie im Ausgangsfall, ist der Verwaltungsrechtsweg über die Generalklausel des § 40 I S. 1 VwGO eröffnet.

II. Statthafte Klageart

Fraglich ist, welche Klageart hier statthaft ist. Während im Ausgangsfall das Kontingent von 100 Plätzen noch nicht ausgeschöpft war, liegt der Fall hier anders.

Von 110 Bewerbern sind 100 zugelassen und positiv beschieden worden. Die Behandlung einer derartigen Konkurrentenklage ist umstritten. Teilweise wird vertreten, dass eine alleinige Verpflichtungsklage unzulässig sei, da aufgrund der bereits ausgeschöpften Kapazität keine Möglichkeit der Zulassung mehr verbleibt und dementsprechend das Rechtsschutzbedürfnis für eine Verpflichtungsklage fehle. Der Kläger müsse vielmehr gleichzeitig eine Anfechtungsklage gegen die Zulassung der Mitbewerber erheben.

Auch bei einer Kapazitätserschöpfung kann freilich die Behörde bei rechtswidrigem Vorgehen eine Zulassung gem. § 48 VwVfG wieder zurücknehmen. Aus diesem Grund wird überwiegend eine isolierte Verpflichtungsklage für zulässig erachtet, da auch diese zum Erfolg für den nicht berücksichtigten Kläger führen kann. Die Verpflichtungsklage ist folglich die statthafte Klageart.

III. Klagebefugnis (§ 42 II VwGO)

H ist gem. § 42 II VwGO klagebefugt, da durch seine Nichtzulassung eine Verletzung seiner Rechte zumindest möglich erscheint (Art. 2, 12 GG).

IV. Sonstige Zulässigkeitsvoraussetzungen

Auch alle sonstigen Zulässigkeitsvoraussetzungen sind vorliegend erfüllt. Die Klage des H ist daher als Verpflichtungsklage nach § 42 I, 2. Alt. VwGO zulässig.

B. Begründetheit

Die Verpflichtungsklage ist nach § 113 V VwGO begründet, soweit die Unterlassung des begehrten Verwaltungsaktes rechtswidrig ist, den Kläger in seinen Rechten verletzt und die Sache spruchreif ist. Dies ist dann der Fall, wenn der Kläger einen *Anspruch auf Erlass* des begehrten VA hat.

I. Anspruchsgrundlage § 70 I GewO

Als Anspruchsgrundlage kommt wiederum § 70 I GewO i.V.m. den vorgegebenen Voraussetzungen des Veranstalters in Betracht.

II. Formelle Voraussetzungen der AGL

Die Zulassung des H zum Markt könnte formell rechtmäßig durch die Stadt S erlassen werden.

III. Materielle Voraussetzungen der AGL

Bei der hier stattfindenden Veranstaltung handelt es sich um einen Jahrmarkt nach § 68 II GewO, mithin um eine Veranstaltung i.S.d. § 70 I GewO. H gehört mit seinen Produkten zu dem vom Veranstalter vorgegebenen Anbieterkreis (körperliche und geistige Genüsse). Er hat auch einen entsprechenden Antrag auf Zulassung bei der zuständigen Behörde gestellt. Nach § 70 I GewO hat H dementsprechend grundsätzlich einen Anspruch auf Zulassung.

Fraglich ist aber, ob H in der hier vorliegenden Situation auch einen *gebundenen Anspruch* auf Zulassung hat, ob also *Spruchreife* vorliegt. § 70 III GewO bestimmt ausdrücklich, dass bei nicht ausreichendem Kontingent einzelne Bewerber aus sachlich gerechtfertigten Gründen abgelehnt werden können. Hier standen 100 freien Plätzen 110 Bewerber gegenüber.

Fraglich ist nun, ob die Gründe für die Ablehnung von H „sachgerecht" im Sinne der Vorschrift waren. Die Behörde hat hier als Grund angegeben, dass H mit seinem Stand am weitesten von den vom Veranstalter gesetzten Vorgaben abweiche. Eine solche Ermessenentscheidung nach dem Grad der Vorgabenübereinstimmung ist grds. sachgerecht, aber im vorliegenden Fall offensichtlich nicht angewendet worden. Versicherungsmakler bieten üblicherweise keine Genussmittel bzw. –waren an.

Diesbezüglich war das Zulassungsverfahren nicht sachgerecht, die Versicherungsmakler hätten dem H nicht vorgezogen werden dürfen. Jedoch bedeutet dies noch nicht, dass H einen *gebundenen Anspruch* auf Zulassung hat. Nach dem Sachverhalt wurden neben H noch andere Anbieter von Genussmitteln abgelehnt und es ist nicht ersichtlich, ob H selbst bei Ablehnung der Versicherungsmakler im Rahmen der „sachlich gerechtfertigten Gründe" ein Platz zugeteilt worden wäre. Diesbezüglich stand und steht der Behörde ein *Ermessen* zu, welches wegen des Grundsatzes der Gewaltenteilung nur eingeschränkt gerichtlich überprüfbar ist. Es ist denkbar, dass H auch bei pflichtgemäßem Auswahlermessen kein Platz zugeteilt worden wäre.

Aufgrund dieser Umstände hat H hier mangels Spruchreife keinen Anspruch auf ein Verpflichtungsurteil. Zwar war die Zuteilung an die Versicherungsmakler offensichtlich rechtswidrig, jedoch ergibt sich hieraus noch kein gebundener Anspruch des H auf eigene Begünstigung. Das Verwaltungsgericht kann hier lediglich ein *Bescheidungsurteil* fällen, also die Behörde verpflichten, den H unter Beachtung der Rechtsauffassung des Gerichts erneut zu bescheiden (§ 113 V S. 2 VwGO).

C. Ergebnis

Die Klage des H ist somit zwar zulässig, aber nur teilweise begründet. Im Übrigen ist die Klage des H als unbegründet abzuweisen.

Fall 7: Stadion und Dosenbier

▸ **Standort:** Nebenbestimmungen zum VA

Kalle K betreibt seit mehreren Jahren mit seinem transportablen Verkaufswagen den Verkauf von Snacks und Getränken auf Märkten und sonstigen Veranstaltungen. Aus dem Wagen heraus verkauft er Bratwürste, Pommes, Softdrinks und Bier in der Stadt B. Unter anderem steht sein Wagen auch bei jedem Heimspiel des ansässigen (drittklassigen) Fußballclubs. Die Einnahmen aus den Heimspieltagen des Clubs machen in etwa 20% seiner gesamten Einnahmen aus, da die Fußballfans insbesondere enorme Mengen an Bier kaufen.

Wie jedes Jahr beantragte K auch Anfang 2022 wieder bei der zuständigen Behörde in B die erforderliche Sondernutzungserlaubnis für die Heimspiele. Zu seiner Verwunderung erhält er diesmal allerdings nur eine eingeschränkte Genehmigung, in welcher es auszugsweise heißt: „Ihnen wird die Sondernutzungserlaubnis [...] für das Jahr 2022 mit der inhaltlichen Einschränkung erteilt, dass Ihnen untersagt wird, alkoholische Getränke außer „Light-Bier“ mit maximal 2,5 Vol. - % Alkohol zu verkaufen.“

Begründet wird die Einschränkung mit der Gefahr von gewalttätigen Auseinandersetzungen alkoholisierter Fußballfans. Im Stadion selbst wird auch nur noch Light-Bier ausgeschenkt.

K ist zwar mit der Erlaubnis, nicht aber mit der Einschränkung einverstanden. Er legt daher gegen die Beschränkung Widerspruch ein und begründet diesen damit, dass die Fans das Light-Bier nicht kaufen und sich stattdessen ihr Bier selbst mitbringen würden. 1000 Meter vom Stadion entfernt sei zudem ein Supermarkt, der ein umfangreiches Alkoholsortiment aufweise. Außerdem sei er dringend auf die Einnahmen aus den Heimspielen angewiesen.

Nichtsdestotrotz ergeht ein ablehnender und umfänglich begründeter Widerspruchsbescheid. Hat eine Klage des K gegen die Einschränkung Aussicht auf Erfolg?

Bearbeitervermerk: Es ist davon auszugehen, dass das jeweilige Landesstraßenrecht nicht einschlägig ist.

A. Zulässigkeit
I. Eröffnung des Verwaltungsrechtsweges
II. Statthafte Klageart
III. Klagebefugnis (§ 42 II VwGO)
IV. Vorverfahren (§ 68 VwGO)
V. Klagefrist (§ 74 VwGO)
VI. Klagegegner (§ 78 VwGO)
VII. Ergebnis
B. Begründetheit
I. Rechtswidrigkeit der Auflage
1. Rechtsgrundlage
2. Formelle Rechtmäßigkeit der Auflage
3. Materielle Rechtmäßigkeit der Auflage
II. Zwischenergebnis
C. Ergebnis

Die Klage des K hat Aussicht auf Erfolg, wenn sie zulässig und begründet ist.

A. Zulässigkeit

I. Eröffnung des Verwaltungsrechtsweges

Mangels spezialgesetzlicher Zuweisung könnte der Verwaltungsrechtsweg über § 40 I S. 1 VwGO eröffnet sein. Dies setzt voraus, dass es sich um eine öffentlich-rechtliche Streitigkeit nichtverfassungsrechtlicher Art handelt und keine abdrängende Sonderzuweisung besteht. Eine Streitigkeit ist dann öffentlich-rechtlich, wenn die streitentscheidenden Normen solche des öffentlichen Rechts sind. Die Genehmigungsbefugnis der Verwaltung für die Erteilung einer Sondernutzungserlaubnis ist im Sonderordnungsrecht geregelt, welches einseitig einen Hoheitsträger berechtigt bzw. verpflichtet und demnach dem öffentlichen Recht zuzuordnen ist.

Da die Einschränkung – gegen die K sich vorliegend wendet – im Sachzusammenhang zu der Sondernutzung steht, ist auch diese als öffentlich-rechtlich zu qualifizieren. Eine öffentlich-rechtliche Streitigkeit liegt somit vor. Diese ist auch nichtverfassungsrechtlicher Art und eine abdrängende Sonderzuweisung ist nicht ersichtlich. Der Verwaltungsrechtsweg ist daher gem. § 40 I S. 1 VwGO eröffnet.

II. Statthafte Klageart

Die statthafte Klageart bestimmt sich nach dem Begehren des Klägers (§ 88 VwGO). K möchte hier wie in den vorangegangenen Jahren eine Sondernutzungserlaubnis zum Verkauf von Speisen und Getränken ohne die Einschränkung, nur Light-Bier verkaufen zu dürfen. Fraglich ist, ob K diese ihn belastende Einschränkung selbständig anfechten kann oder ob er vielmehr eine Verpflichtungsklage auf Erteilung einer uneingeschränkten Sondernutzungserlaubnis erheben muss.

Hinweis: Eine isoliert gegen die belastende Einschränkung erhobene Anfechtungsklage ist die für den K – unter dem Gesichtspunkt effektiven Rechtsschutzes – günstigere Klageart, weil der (begünstigende) Hauptverwaltungsakt bestehen bleibt und lediglich die Belastung wegfällt. Daher ist vorrangig zu prüfen, inwieweit eine isolierte Anfechtung zulässig ist.

Aus dem Wortlaut des § 113 I S. 1 VwGO folgt („**soweit** der VA rechtswidrig ist"), dass die Anfechtungsklage grds. auch auf die Beseitigung von Teilen eines Verwaltungsaktes gerichtet sein kann.

Als Vorfrage muss jedoch zunächst geklärt werden, ob es sich bei der von der Behörde gemachten Einschränkung tatsächlich um einen solchen Teil eines Verwaltungsaktes im Sinne einer Nebenbestimmung handelt oder ob die Einschränkung nicht vielmehr den Inhalt der Sondernutzungserlaubnis selbst betrifft.

Sollte Letzteres der Fall sein und es sich tatsächlich um eine modifizierende Inhaltsbestimmung zu der von K beantragten Genehmigung handeln, wäre diese keinesfalls abtrennbar von dem gesamten Verwaltungsakt. K könnte dagegen lediglich im Wege der Verpflichtungsklage vorgehen.

Eine derartige Inhaltsbestimmung (sog. **modifizierende Auflage**) liegt vor, wenn keine zusätzliche Leistungspflicht begründet wird, sondern eine Inhaltsänderung des begehrten VA vorge-nommen wird: Der Antragsteller erhält nicht, was er beantragt hat, sondern ein „*aliud*". Dem K wird hier verboten, alkoholische Getränke mit Ausnahme von Light-Bier zu verkaufen. Er erhält also zumindest die Genehmigung zum Getränkeausschank. Etwas völlig anderes im Vergleich zu der beantragten unbeschränkten Genehmigung (aliud) stellt die erteilte Genehmigung damit nicht dar. Folglich handelt es sich nicht um eine modifizierende Inhaltsbestimmung, sondern um eine **Nebenbestimmung** i.S.d. § 36 VwVfG.

Ob und inwieweit eine isolierte Anfechtung von Nebenbestimmungen möglich ist, ist sehr umstritten. Eine Auffassung hält ausnahmslos die Verpflichtungsklage auf Erlass eines neuen VA ohne Nebenbestimmung für die statthafte Klageart. Denn die belastende Nebenbestimmung sei stets ein Minus zur beantragten Leistung, dem Kläger gehe es faktisch um eine Erweiterung seiner Rechtsposition (er will mehr, als er durch den VA zuvor bekommen hat) und für ein solches Begehren sei die Verpflichtungsklage die klassische Klageart. Allerdings widerspricht diese Auffassung dem Wortlaut des § 113 I 1 VwGO, der ausdrücklich die Möglichkeit einer Teilanfechtung eröffnet.

Nach einer älteren Auffassung ist auf die Rechtsnatur der Nebenbestimmung abzustellen. Auflagen (§ 36 II Nr. 4 VwVfG) seien selbständig anfechtbar, während hingegen Befristung und Bedingung (§ 36 II Nr. 1 und 2 VwVfG) ein Minus zur Vollgewährung seien, so dass der Betroffene die uneingeschränkte Begünstigung mit der Verpflichtungsklage verfolgen müsse. Zudem betreffen Befristung, Bedingung und Widerrufsvorbehalt die Wirksamkeit der Hauptregelung selbst und können daher nicht von diesem gelöst werden, weil sie ein integrierter/unselbständiger Bestandteil der Hauptregelung seien („... erlassen werden mit ..."). Eine isolierte Anfechtungsklage sei daher nicht möglich. Bei Auflage und Auflagenvorbehalt, die einen eigenständigen Regelungsgehalt aufweisen, sogar selbst VA sind („...verbunden werden mit ..."), sei demgegenüber eine isolierte Anfechtungsklage möglich. Danach müsste also zunächst die Rechtsnatur der von der Behörde gemachten „Einschränkung" ermittelt werden.

Denkbar ist, dass es sich um eine *Auflage* i.S.d. § 36 II Nr. 4 VwVfG, also um eine Bestimmung handelt, durch die dem K ein Tun, Dulden oder Unterlassen vorgeschrieben wird. Die Auflage zeichnet sich folglich dadurch aus, dass sie ein Gebot oder Verbot enthält, welches zu der Vergünstigung hinzutritt. Genau dies ist bei der von der Behörde getroffenen Anordnung der Fall: K erhält die Sondernutzungserlaubnis unter der Maßgabe, keine alkoholischen Getränke mit Ausnahme von Light-Bier zu verkaufen. Es handelt sich folglich um eine Auflage i.S.d. § 36 II Nr. 4 VwVfG. Damit kommt nach der genannten Auffassung eine isolierte Anfechtung in Betracht.

Hinweis: Eine *Auflage* und eine *aufschiebende Bedingung* sind mitunter schwer zu unterscheiden: Eine Bedingung i.S.d. § 36 II Nr. 2 VwVfG liegt vor, wenn der Eintritt oder Wegfall einer Vergünstigung oder einer Belastung von dem Eintritt eines ungewissen zukünftigen Ereignisses abhängig gemacht wird. Besteht das „Ereignis" der aufschiebenden Bedingung in einem bestimmten Verhalten des Betroffenen, tritt sie in Konkurrenz zur Auflage. Da beide Nebenbestimmungen unterschiedliche Rechtsfolgen haben, müssen Sie in der Klausur eine eindeutige Zuordnung treffen. Der mit einer Auflage verbundene Verwaltungsakt wird sofort wirksam, während der aufschiebend bedingte Verwaltungsakt dagegen erst mit Bedingungseintritt wirksam wird. Zudem verpflichtet die Auflage und ist daher im Gegensatz zur Bedingung zwangsweise durchsetzbar.

Merksatz zur Unterscheidung von Bedingung und Auflage: Die Bedingung suspendiert, zwingt aber nicht; die Auflage zwingt, suspendiert aber nicht.

Teilweise wird jedoch nicht auf die Art der Nebenbestimmung, sondern auf die Art des Hauptverwaltungsaktes abgestellt. Liegt ein gebundener Verwaltungsakt vor, so sei die Nebenbestimmung isoliert anfechtbar. Bei Ermessensverwaltungsakten hingegen wird diese Möglichkeit abgelehnt, da Verwaltungsakt und Nebenbestimmung nicht getrennt werden können, ohne dass unzulässig in den Ermessensspielraum der Behörde eingegriffen wird. Da die Erteilung einer Sondernutzungserlaubnis regelmäßig im Ermessen der Behörde liegt, würde nach dieser Ansicht eine isolierte Anfechtung der Auflage im vorliegenden Fall ausscheiden. Dem kann man jedoch entgegenhalten, dass der Verwaltung immer noch die Möglichkeit verbleibt, den übrig gebliebenen Restverwaltungsakt über die §§ 48, 49 VwVfG aufzuheben.

Der Gefahr, dass eine Teilaufhebung das Ermessen der Verwaltung auf unzulässige Weise beschneiden könnte, will die herrschende Meinung in Rechtsprechung und Literatur daher anderweitig begegnen. Sie hält grds. jede Nebenbestimmung für isoliert anfechtbar, soweit sie vom Verwaltungsakt logisch teilbar ist und damit eine isolierte Aufhebbarkeit nicht offenkundig von vornherein ausscheidet (sog. **prozessuale Teilbarkeit**). Im Rahmen der Begründetheit der Klage ist dann aber im Fall der Rechtswidrigkeit der Nebenbestimmung zu überprüfen, inwieweit durch die Kassation allein der Nebenbestimmung noch ein *sinnvoller* und *rechtmäßiger* Verwaltungsakt bestehen bleibt. Dabei handelt es sich mithin um eine Frage des materiellen Rechts. Nach dieser überzeugenden und dem Wortlaut des § 113 I 1 VwGO entsprechenden Auffassung ist vorliegend eine Anfechtungsklage des K gegen die vorgenommene Einschränkung der Behörde statthaft. Im Rahmen der Begründetheit ist jedoch auf die isolierte Aufhebbarkeit zurückzukommen.

III. Klagebefugnis (§ 42 II VwGO)

K ist vorliegend Adressat einer ihn belastenden Nebenbestimmung zum Verwaltungsakt. Nach Maßgabe des Adressatengedankens erscheint daher zumindest eine Verletzung von Art. 2 I GG möglich.

IV. Vorverfahren (§ 68 VwGO)

Ein Vorverfahren nach § 68 I VwGO wurde laut Sachverhalt erfolglos durchgeführt.

V. Klagefrist (§ 74 VwGO)

K müsste seine Klage nach § 74 I VwGO innerhalb eines Monats nach Zustellung des Widerspruchsbescheids erheben.

VI. Klagegegner (§ 78 VwGO)

Die Klage ist nach dem in § 78 I Nr. 1 VwGO normierten allgemeinem Rechtsträgerprinzip gegen die Stadt B zu richten, da der Sachverhalt keine Hinwese darauf enthält, dass das Landesrecht eine Bestimmung i.S.d. § 78 I Nr. 2 VwGO enthält.

VII. Ergebnis der Zulässigkeitsprüfung

Eine isolierte Anfechtungsklage des K gegen die Einschränkung der erteilten Sondernutzungserlaubnis ist somit zulässig.

B. Begründetheit

Die Klage ist begründet, soweit die Auflage, nur Light-Bier auszuschenken, rechtswidrig, K dadurch in seinen Rechten verletzt und die Auflage im materiellen Sinne von der Sondernutzungserlaubnis abteilbar ist.

Hinweis: In der Begründetheit ist die Rechtmäßigkeit der angefochtenen Nebenbestimmung ebenso zu prüfen, wie sonst die Rechtmäßigkeit eines Verwaltungsaktes geprüft wird.

I. Rechtswidrigkeit der Auflage

Die Auflage ist dann rechtswidrig, wenn sie sich nicht auf eine taugliche Rechtsgrundlage stützen lässt oder von dieser formell oder materiell nicht ordnungsgemäß Gebrauch gemacht wurde.

1. Rechtsgrundlage

Als Rechtsgrundlage für die Nebenbestimmung könnte § 36 VwVfG in Betracht kommen. § 36 VwVfG ist jedoch nur anwendbar, wenn keine spezialgesetzlichen Rechtsgrundlagen vorhanden sind. Eine solche spezielle Sonderregelung außerhalb des VwVfG besteht jedoch vorliegend nicht. Demnach kommt § 36 VwVfG zur Anwendung.

2. Formelle Rechtmäßigkeit der Auflage

Die Zuständigkeit für den Erlass einer Nebenbestimmung folgt der Hauptsacheentscheidung. Laut Sachverhalt hat hier die zuständige Behörde den VA erlassen, Form- oder Verfahrensfehler sind ansonsten nicht ersichtlich. Eine möglicherweise unterbliebene Anhörung nach § 28 VwVfG ist zumindest nach § 45 I Nr. 3 VwVfG durch die Durchführung des Widerspruchsverfahrens geheilt worden.

3. Materielle Rechtmäßigkeit der Auflage

Die Erteilung einer Sondernutzungserlaubnis steht regelmäßig im Ermessen der Behörde. Damit ist § 36 II VwVfG einschlägig, wonach Verwaltungsakte, auf deren Erlass kein Anspruch besteht, nach pflichtgemäßem Ermessen mit Nebenbestimmungen versehen werden können. Die Beifügung von Nebenbestimmungen liegt somit ebenfalls im Ermessen der Behörde. Die Behörde konnte daher die Sondernutzungserlaubnis grds. mit einer Nebenbestimmung verbinden. Auch läuft die vorgenommene Beschränkung auf den Ausschank von Light-Bier nicht der Sondernutzungserlaubnis selbst zuwider (§ 36 III VwVfG). Die Voraussetzungen der Rechtsgrundlage liegen demnach grds. vor.
Fraglich ist aber, ob die Nebenbestimmung auch ermessensfehlerfrei erlassen wurde. K wendet insbesondere

ein, dass die Fans sich ihr Bier selbst mitbringen bzw. aus dem nahegelegenen Supermarkt beschaffen könnten. Die getroffene Auflage könnte sich daher als unverhältnismäßig erweisen und damit ein Ermessensfehler in Gestalt der Ermessensüberschreitung vorliegen.

Zweifel wirft die Auflage insbesondere in Bezug auf ihre Geeignetheit auf. Um **geeignet** zu sein, müsste sie zumindest dem angestrebten Zweck dienen. *Zweck* der Auflage ist vorliegend die Vermeidung übermäßigen Alkoholkonsums vor dem Stadion durch die Fans. Zwar kann jeder sich seine Getränke auch zuvor besorgen, jedoch verleitet gerade die Verfügbarkeit von Alkohol direkt vor dem Stadion dazu, noch mehr zu trinken. Da sich der von K bezeichnete Supermarkt immerhin ca. 1000 Meter vor dem Stadion befindet, ist davon auszugehen, dass zumindest ein Teil der Fußballfans dann am Stadion weniger oder alkoholreduziertes Bier verzehrt. Die Auflage ist somit zumindest geeignet, den angestrebten Zweck zu erreichen.

Es ist auch kein milderes, gleich wirksames Mittel ersichtlich. Mithin ist die Maßnahme auch **erforderlich.**

Fraglich ist, ob das Verbot auch **angemessen** ist, insbesondere im Hinblick auf die wirtschaftliche Bedeutung für K. Jedoch finden im Jahr lediglich um die 20 Heimspiele statt. Selbst wenn dies ca. 20% der Einnahmen des K entspricht, steht nicht zu erwarten, dass Einnahmeverluste eintreten, durch welche K in wirtschaftliche Not gerät. Entgegen den Ausführungen des K, ist zu erwarten, dass die Fans sich zumindest teilweise auf das Light-Bier umstellen werden. Die Erteilung der Auflage erging somit ermessensfehlerfrei und damit insgesamt rechtmäßig.

II. Zwischenergebnis

Die Auflage ist rechtmäßig, so dass auf die Frage, inwieweit die Sondernutzungserlaubnis auch nach einer isolierten Aufhebung der Auflage noch sinnvoll und rechtmäßig fortbestehen kann, nicht mehr eingegangen werden muss. Die Anfechtungsklage des K ist daher unbegründet.

Hinweis: Im Fall der Rechtswidrigkeit der Auflage hätte hingegen überprüft werden müssen, ob die Sondernutzungserlaubnis auch ohne die erteilte Auflage noch sinnvoll und rechtmäßig ist. Bleibt ohne die Nebenbestimmung ein rechtswidriger Hauptverwaltungsakt bestehen, scheidet eine isolierte Aufhebung der Nebenbestimmung aus. Die Klage wäre dann trotz der Rechtswidrigkeit der Nebenbestimmung unbegründet.

C. Ergebnis

Eine Klage des K ist zwar zulässig, aber unbegründet und hat daher keine Aussicht auf Erfolg.

Fall 8: Jazz-Club

▸ **Standort:** Reformatio in peius im Widerspruchsverfahren

Der Hobbymusiker T betreibt in der Stadt G eine gemütliche Eckkneipe in der Altstadt. Um mehr Gäste anzulocken, aber auch aufgrund seiner persönlichen Leidenschaft, lässt er in seiner Kneipe regelmäßig Jazzmusiker auftreten, die bis in die frühen Morgenstunden spielen.

Nachdem es jedoch mehrere Beschwerden von umliegenden Anwohnern gab, erteilt die zuständige Ordnungsbehörde dem T nach Anhörung per Verfügung nach § 5 I Nr. 3 GaststättenG die Auflage, die Auftritte von Live-Musikern künftig auf die Zeiten von 19.00-23.00 Uhr zu beschränken. T legt dagegen Widerspruch ein. Die Widerspruchsbehörde erlässt daraufhin nach erneuter Anhörung des T einen Widerspruchsbescheid. Mit diesem wird der Widerspruch zurückgewiesen und darüber hinaus wird die Auflage dahingehend abgeändert, dass nunmehr nur noch Auftritte von 19.00-22.00 Uhr gestattet werden.

T ist entsetzt. Hätte er geahnt, dass ihm durch die Widerspruchsbehörde eine derartige „Verböserung" drohe, hätte er möglicherweise gar keinen Rechtsbehelf eingelegt. Nunmehr will er gegen das Vorgehen der Behörden gerichtliche Hilfe in Anspruch nehmen und wendet sich in einer Klage vor dem VG sowohl gegen den Ausgangs- als auch den Widerspruchsbescheid. Mit Erfolg?

A. Zulässigkeit
I. Eröffnung des Verwaltungsrechtsweges
II. Statthafte Klageart
III. Klagebefugnis (§ 42 II VwGO)
IV. Vorverfahren (§ 68 VwGO)
V. Sonstige Zulässigkeitsvoraussetzungen
B. Begründetheit
I. Ermächtigungsgrundlage
II. Formelle Rechtmäßigkeit der Auflage
1. Zuständigkeit der Widerspruchsbehörde
2. Verfahren und Form
III. Materielle Rechtmäßigkeit der Auflage
C. Ergebnis

Die Klage des T hat Aussicht auf Erfolg, wenn sie zulässig und begründet ist.

A. Zulässigkeit

I. Eröffnung des Verwaltungsrechtsweges

Mangels spezialgesetzlicher Zuweisungen könnte der Verwaltungsrechtsweg über § 40 I S. 1 VwGO eröffnet sein. Dieser setzt eine öffentlich-rechtliche Streitigkeit nichtverfassungsrechtlicher Art voraus. T wendet sich vorliegend gegen die Auflage, den Auftritt von Live-Musikern in seiner Kneipe auf bestimmte Zeiten zu beschränken. Die streitentscheidenden Normen liegen daher im Gaststättenrecht. Da diese öff. Hoheitsträger einseitig berechtigen bzw. verpflichten sind sie nach Maßgabe der mod. Subjektstheorie dem öffentlichen Recht zuzordnen. Die Streitigkeit ist auch nichtverfassungsrechtlicher Art, so dass der Verwaltungsrechtsweg demnach eröffnet ist.

II. Statthafte Klageart

Die statthafte Klageart richtet sich gem. § 88 VwGO nach dem Begehren des Klägers. T wendet sich vorliegend gegen die von der Behörde erteilte Auflage in seiner Kneipe nur noch eingeschränkt Live-Musik anbieten zu dürfen. Nach § 79 I Nr. 1 VwGO ist Klagegegenstand der ursprüngliche Verwaltungsakt in der Gestalt, die er durch den Widerspruchsbescheid gefunden hat. Damit ist hier die durch die

Widerspruchsbehörde erweiterte Auflage der Klagegegenstand. Da es sich bei der getroffenen Auflage schon der äußeren Form nach um einen Verwaltungsakt i.S.d. § 35 S. 1 VwVfG handelt, ist die Anfechtungsklage gem. § 42 I, 1. Alt. VwGO dafür die einschlägige Klageart.

Hinweis: T könnte gem. § 79 II S. 1 VwGO auch nur gegen den Widerspruchsbescheid vorgehen, da dieser eine zusätzliche selbstständige Beschwer enthält. Hier ist es aber eindeutig sein Interesse, gegen beide Bescheide vorzugehen.

III. Klagebefugnis (§ 42 II VwGO)

Da T Adressat der belastenden Verfügungen ist, kann zumindest nicht ausgeschlossen werden, dass er in Art. 2 I GG verletzt ist. Er ist demnach i.S.d. § 42 II VwGO klagebefugt.

IV. Vorverfahren (§ 68 VwGO)

Ein ordnungsgemäßes Vorverfahren wurde laut Sachverhalt durchgeführt. Ein erneuter Widerspruch gegen die Erweiterung der Auflage ist nicht erforderlich.[12]

V. Sonstige Zulässigkeitsvoraussetzungen

Klagegegner ist gem. § 78 I Nr. 1 VwGO die Stadt G als Träger der Ordnungsbehörde. Von der Einhaltung der Klagefrist gem. § 74 I VwGO ist auszugehen. Die Klage des T ist damit zulässig.

B. Begründetheit

Die Klage des T ist gem. § 113 I S. 1 VwGO begründet, soweit die Auflage in Gestalt des Widerspruchsbescheids rechtswidrig ist und den T in seinen Rechten verletzt.

I. Ermächtigungsgrundlage

Die Ordnungsbehörde als Ausgangsbehörde kann sich für eine Auflage zur Gaststättenerlaubnis auf § 5 GastG (des

---

[12] Dies lässt sich aus § 68 I S. 2 Nr. 2 VwGO entnehmen, sofern man als erstmalige Beschwer auch jede zusätzliche Beschwer i.S.d. § 79 II S. 1 VwGO ansieht. Ansonsten kommt zumindest eine analoge Anwendung des § 68 I S. 2 Nr. 2 VwGO in Betracht.

Bundes)[13] stützen. Fraglich ist jedoch, ob dies auch für die Ausweitung der Auflage durch die Widerspruchsbehörde gilt. Diese hat hier nicht nur über den Widerspruch entschieden, sondern gleichzeitig den Ausgangsbescheid mit der Ausweitung des Auftrittverbots verschärft. Ob die Widerspruchsbehörde überhaupt befugt ist, im Vorverfahren eine Entscheidung zum Nachteil des Widerspruchsführers – eine sog. *reformatio in peius* – zu treffen, ist umstritten.[14]

Teilweise wird eine solche Verböserung im Widerspruchsverfahren grds. für unzulässig gehalten. Zum einen könne das Risiko einer Verböserung dazu führen, dass Bürger vom Einlegen von Rechtsbehelfen abgehalten werden und es dadurch zu einer faktischen Einschränkung der Rechtsweggarantie des Art. 19 IV GG kommt. Zum anderen wird auf die beschränkte Kompetenz des Bundesgesetzgebers zur Ausgestaltung des Widerspruchsverfahrens verwiesen.

Die **herrschende Meinung** in der Literatur und vor allem die Rechtsprechung gehen hingegen mit überzeugenden Argumenten von der Zulässigkeit der reformatio in peius aus. Erstens hat die Widerspruchsbehörde nach § 68 VwGO eine umfassende Recht- und Zweckmäßigkeitsprüfung vorzunehmen, welche auch zuungunsten des Widerspruchsführers ausfallen kann. Zweitens muss dieser bis zum Abschluss des gerichtlichen Verfahrens mit Rechtsbehelfen des Gegners rechnen, weshalb er nicht auf den Ausgangsbescheid vertrauen könne. Schließlich ginge der Gesetzgeber in den §§ 71, 79 II S. 1 VwGO selbst von der Möglichkeit einer Verböserung im Widerspruchsverfahren aus. Demnach war die Verböserung durch die Widerspruchsbehörde grds. zulässig.

---

[13] Seit dem Inkrafttreten der Föderalismusreform besteht u.a. keine Gesetzgebungskompetenz des Bundes mehr für das *Gaststättenrecht*. Die bisherigen Bundesvorschriften gelten aber so lange fort, wie sie nicht durch Landesrecht ersetzt worden sind, vgl. Art. 125a I GG. Prüfen Sie, ob es in Ihrem Bundesland mittlerweile ein eigenes Landes-GastG gibt wie etwa in *Baden-Württemberg, Brandenburg, Bremen, Hessen, Sachsen-Anhalt, Sachsen, Niedersachsen, Thüringen und im Saarland.*

[14] Vgl. zum Streitstand *Hufen*, Verwaltungsprozessrecht, § 9, Rn. 15 ff.

Die Verböserung bedarf jedoch – nach dem Prinzip des Vorbehalts des Gesetzes – einer Ermächtigungsgrundlage. Während zum Teil als Grundlage für die reformatio in peius die Vorschriften über die Rücknahme und den Widerruf von Verwaltungsakten (§§ 48, 49 VwVfG) herangezogen werden, sind nach der mittlerweile herrschenden Meinung die materiell-rechtlichen Vorschriften heranzuziehen, welche auch Rechtsgrundlage für den Ausgangsverwaltungsakt waren. Demnach stellt im vorliegenden Fall § 5 GastG auch die Ermächtigungsgrundlage für die vorgenommene Verböserung dar.

II. Formelle Rechtmäßigkeit der Auflage

Hinweis: Die formelle Rechtmäßigkeit ist quasi doppelt zu prüfen: Zunächst für den Ausgangsverwaltungsakt und anschließend für den Widerspruchsbescheid.

1. Zuständigkeit der Widerspruchsbehörde

Der Ausgangsbescheid wurde von der zuständigen Ordnungsbehörde erlassen. Aber auch die Widerspruchsbehörde müsste für die von ihr getroffene Regelung zuständig gewesen sein. Bei Identität von Ausgangs- und Widerspruchsbehörde ist die Zuständigkeit im Verböserungsfall ohne Weiteres gegeben. Aber auch im Falle einer fehlenden Identität von Ausgangs- und Widerspruchsbehörde lässt sich die Zuständigkeit der Widerspruchsbehörde nach überwiegender Ansicht mit dem im Rahmen der Fachaufsicht bestehenden Weisungsrecht der Widerspruchsbehörde legitimieren.

2. Verfahren und Form

T wurde vorliegend sowohl vor Erlass des Ausgangsbescheids als auch vor Erlass des Widerspruchsbescheids angehört. Formfehler sind nicht ersichtlich.

III. Materielle Rechtmäßigkeit der Auflage

Nach § 5 I Nr. 3 GastG kann einem Gewerbetreibenden, der einer Erlaubnis bedarf, jederzeit eine Auflage zum Schutze gegen Belästigungen für die Bewohner des Betriebs- oder des Nachbargrundstücks gemacht werden. Da T zum Betrieb seiner Kneipe gem. § 2 I GastG einer Erlaubnis bedarf und durch seine Jazzveranstaltungen erhebliche Lärmbelästigungen für die Anwohner entstehen, liegen sämtliche Tatbestandsvoraussetzungen der Ermächtigungsgrundlage vor.

Fraglich ist daher allein, ob die Widerspruchsbehörde bei ihrer Ermessensausübung etwaigen Vertrauensschutz des T nicht ausreichend berücksichtigt hat. Grds. sind belastende Verwaltungsakte jedoch nicht geeignet einen Vertrauenstatbestand zu bilden. Eine andere Sichtweise ist nur dann gerechtfertigt, wenn es durch die Verböserung ansonsten zu untragbaren Verhältnissen für den Betroffenen kommen würde. Von derartigen untragbaren Verhältnissen für T ist jedoch hier nicht auszugehen, da das Auftrittsverbot lediglich um eine weitere Stunde nach vorne verlegt wurde.

C. Ergebnis

Die Klage des T ist daher zwar zulässig, mangels Rechtswidrigkeit der erteilten Auflage aber unbegründet und hat daher keine Aussicht auf Erfolg.

Fall 9: Alles für die Kinder

▸ **Standort:** Öffentlich-rechtlicher Vertrag

Bauherr B möchte in der Gemeinde G ein Wohnhaus errichten, kann aber nicht die baurechtlich geforderte Anzahl an Einstellplätzen nachweisen. Die zuständige Behörde der Gemeindeverwaltung zeigt sich zunächst auch nicht gewillt, von der in der Landesbauordnung vorgesehenen Möglichkeit, die Herstellung der Einstellplätze durch die Zahlung eines Geldbetrags zu ersetzen, Gebrauch zu machen. Nach längeren Verhandlungen einigen sich B und die Behörde schließlich doch noch und unterzeichnen daraufhin folgende Vereinbarung:

1. Die Gemeinde G verpflichtet sich, Herrn B die Baugenehmigung für die Errichtung eines Wohnhauses in G unter Befreiung von der Pflicht zur Errichtung von Einstellplätzen zu erteilen.
2. Herr B verpflichtet sich einen Betrag von 5.000 € als Beitrag zur Errichtung eines neuen Kindergartens in G zu bezahlen. Dieser Betrag ist Ende Januar 2022 fällig.

Im Februar 2022 wird dem B daraufhin die beantragte Baugenehmigung erteilt und er beginnt mit den Bauarbeiten. Als B Ende März 2022 trotz mehrfacher Mahnung den unter Nr. 2 der Vereinbarung verabredeten Betrag in Höhe von 5.000 € nicht gezahlt hat, erhebt die Gemeinde vor dem zuständigen Verwaltungsgericht Klage gegen ihn auf Zahlung des entsprechenden Betrags.

B hatte sich jedoch inzwischen rechtskundig gemacht und hält die Klage der Gemeinde für unzulässig, jedenfalls aber für unbegründet. Seiner Auffassung nach fehle der Klage bereits das Rechtsschutzbedürfnis, da die Gemeinde G den ihr angeblich zustehenden Zahlungsanspruch auch durch einen Leistungsbescheid geltend machen und ggf. selbst vollstrecken könne. Unbegründet sei die Klage, weil die

Gemeinde sich die in Frage stehende Zahlung nicht vertraglich versprechen lassen durfte. Die Befreiung von der Pflicht zur Errichtung von Einstellplätzen stünde schließlich in keinerlei Zusammenhang mit dem Bau eines Kindergartens. Die in der Nr. 2 der Vereinbarung getroffene Abrede sei daher nichtig.

Hat die Klage der Gemeinde G Aussicht auf Erfolg?

Abwandlung: Die gewünschte Baugenehmigung wird erteilt und B zahlt wie vereinbart. Einige Zeit später kommen dem B jedoch Bedenken hinsichtlich der Wirksamkeit der Vereinbarung. Er fragt nun, ob er die Rückzahlung des Geldes verlangen kann.

A. Zulässigkeit
I. Eröffnung des Verwaltungsrechtsweges
II. Statthafte Klageart
III. Klagebefugnis (§ 42 II VwGO analog)
IV. Vorverfahren und Klagefrist
V. Klagegegner
VI. Allgemeines Rechtsschutzbedürfnis
VII. Ergebnis der Zulässigkeitsprüfung
B. Begründetheit
I. Wirksamer Vertragsschluss
II. Nichtigkeit des Vertrages
1. Zulässigkeit der Vertragsform
2. Formelle Rechtmäßigkeit
3. Materielle Rechtmäßigkeit
a) Verstoß gegen § 56 VwVfG
b) Rechtsfolge des Verstoßes
C. Ergebnis

Die Klage der Gemeinde G hat Aussicht auf Erfolg, wenn sie zulässig und begründet ist.

A. Zulässigkeit

I. Eröffnung des Verwaltungsrechtsweges

Zunächst müsste der Verwaltungsrechtsweg eröffnet sein. Mangels aufdrängender Sonderzuweisung könnte der Verwaltungsrechtsweg über die Generalklausel des § 40 I S. 1

VwGO eröffnet sein. Danach müsste es sich um eine öffentlich-rechtliche Streitigkeit nichtverfassungsrechtlicher Art handeln. Streitgegenstand ist vorliegend die durch die Vereinbarung zwischen B und der Gemeinde G begründete Zahlungspflicht des B. Deren öffentlich-rechtlicher Charakter könnte sich daraus ergeben, dass es sich bei der getroffenen Vereinbarung um einen *öffentlich-rechtlichen Vertrag* i.S.d. §§ 54 ff. VwVfG handelt.

Ausschlaggebend für die Rechtsnatur eines Vertrages ist der Gegenstand des Vertrages, also der Vertragsinhalt. Mehrere im Zusammenhang stehende Vertragsinhalte sind dabei im Rahmen einer Gesamtwürdigung nach ihrem jeweiligen Schwerpunkt zu beurteilen. Entscheidend ist somit der **Gesamtcharakter** des Vertrages. Dieser muss sich auf einen öffentlich-rechtlich geregelten Sachverhalt beziehen, mithin die Ausgestaltung oder Abänderung öffentlich-rechtlicher Rechte oder Pflichten betreffen.

Die vorliegend in Rede stehende Zahlungspflicht des B aus der Nr. 2 der Vereinbarung ist allerdings an sich neutral und lässt sich weder eindeutig dem öffentlichen Recht noch dem Zivilrecht zuordnen. Die Zahlungspflicht des B steht jedoch in einem untrennbaren Zusammenhang mit dem Erlass einer Baugenehmigung unter Befreiung von der Stellplatzpflicht als Leistung der Gemeinde. Die als „Gegenleistung" einbezogene Erteilung der Baugenehmigung verleiht dem Vertrag damit insgesamt einen öffentlich-rechtlichen Charakter.

Es handelt sich daher um einen öffentlich-rechtlichen Vertrag i.S.d. §§ 54 ff. VwVfG und damit um eine öffentlich-rechtliche Streitigkeit. Diese ist auch nichtverfassungsrechtlicher Art, da keine Verfassungsorgane um ihre ihnen unmittelbar aus der Verfassung zustehenden Rechte streiten. Auch eine abdrängende Sonderzuweisung greift nicht ein.[15]

---

[15] § 40 II S. 1 VwGO bezieht sich lediglich auf Schadensersatzansprüche aus der Verletzung öffentlich-rechtlicher Pflichten, die zudem ausdrücklich nicht auf einem öffentlich-rechtlichen Vertrag beruhen.

Der Verwaltungsrechtsweg ist daher gem. § 40 I S. 1 VwGO eröffnet.

II. Statthafte Klageart

Die statthafte Klageart richtet sich nach dem Begehren des Klägers (§ 88 VwGO). Die Gemeinde G begehrt vorliegend die Zahlung der 5.000 €. Ihr Begehren ist somit auf ein **Realhandeln**, nämlich die Zahlung seitens des B gerichtet.

Statthafte Klageart könnte daher die allgemeine Leistungsklage sein. Diese wird zwar in der VwGO nicht explizit geregelt, ihre Existenz wird aber in §§ 111, 113 V sowie § 43 II VwGO vorausgesetzt. Mit der allgemeinen Leistungsklage kann die Vornahme jeder Handlung verfolgt werden, die nicht im Erlass eines Verwaltungsaktes liegt.
Die allgemeine Leistungsklage ist somit die statthafte Klageart für das Leistungsbegehren der Gemeinde G.

III. Klagebefugnis (§ 42 II VwGO analog)

Zum Ausschluss von Popularklagen wird § 42 II VwGO auf die allgemeine Leistungsklage analog angewendet. Die Gemeinde G müsste daher klagebefugt sein, das heißt sie müsste geltend machen, durch die Zahlungsverweigerung des B möglicherweise in eigenen Rechten verletzt zu sein. Da es zumindest nicht von vornherein ausgeschlossen ist, dass der von der Gemeinde geltend gemachte Leistungsanspruch aus dem Vertrag besteht, ist G als klagebefugt i.S.d. § 42 II VwGO analog anzusehen.

IV. Vorverfahren und Klagefrist

Die Durchführung eines Vorverfahrens und die Einhaltung einer Klagefrist sind bei der allgemeinen Leistungsklage nicht vorgesehen.

V. Klagegegner

Bei der allgemeinen Leistungsklage ergibt sich der richtige Klagegegner weder aus einer unmittelbaren noch aus einer analogen Anwendung des § 78 VwGO. Vielmehr bestimmt sich der Klagegegner nach dem *allgemeinen Rechtsträger-*

prinzip. Vorliegend klagt die Gemeinde G gegen den Bürger B, der insoweit als sein eigener „Rechtsträger" und Vertragspartner der richtige Klagegegner ist.

VI. Allgemeines Rechtsschutzbedürfnis

Fraglich ist jedoch, ob der Klage der Gemeinde – wie von B geltend gemacht – das Rechtsschutzbedürfnis fehlt. Dies ist insbesondere der Fall, wenn der Kläger sein Rechtsschutzziel auf einem einfacheren Weg erreichen kann. Die Gemeinde G könnte hier möglicherweise einen Zahlungsbescheid gegenüber B erlassen und sich damit ihren eigenen Vollstreckungstitel verschaffen. Die Inanspruchnahme von gerichtlichem Rechtsschutz wäre damit entbehrlich.

Mit Abschluss des Vertrages könnte sich die Gemeinde G indes ihrer *Verwaltungsaktbefugnis* und damit gleichzeitig dem Mittel der *Selbsttitulierung* begeben haben. Der VA knüpft an eine untergeordnete Position des Bürgers an; mit Abschluss eines öffentlich-rechtlichen Vertrages tritt die Verwaltung dem Bürger jedoch auf gleicher Ebene gegenüber. Im Anschluss daran ist es ihr daher grds. versagt, wieder auf die Handlungsform des Verwaltungsaktes zurück zu greifen, der für ein Über- und Unterordnungsverhältnis kennzeichnend ist.

Da B sich vorliegend auch nicht gem. § 61 I VwVfG der sofortigen Vollstreckung unterworfen hat, muss die Gemeinde G ihren Leistungsanspruch aus dem Vertrag – genau wie der Bürger – im Wege einer verwaltungsgerichtlichen Klage geltend machen. Der Klage fehlt es mithin nicht am allgemeinen Rechtsschutzbedürfnis.

VII. Ergebnis der Zulässigkeitsprüfung

Die Klage der Gemeinde G ist zulässig.

B. Begründetheit

Die Klage der Gemeinde G ist begründet, wenn sie gegenüber B einen Anspruch auf Zahlung der 5.000 € hat. Ein solcher Anspruch könnte sich vorliegend aus Nr. 2 des zwischen B und der Gemeinde abgeschlossenen, öffentlich-rechtlichen Vertrages ergeben. Dies setzt voraus, dass dieser wirksam abgeschlossen wurde und nicht an einem zur Nichtigkeit führenden Rechtsmangel leidet.

I. Wirksamer Vertragsschluss

§ 54 S. 1 VwVfG stellt zwar grds. klar, dass die Verwaltung öffentlich-rechtliche Verträge schließen darf, lässt aber offen, wie der Vertrag geschlossen wird. Für den Vertragsschluss sind daher gem. § 62 S. 2 VwVfG in entsprechender Anwendung die Vorschriften des BGB heranzuziehen. Verwaltungsrechtliche Verträge werden also wie zivilrechtliche nach den §§ 145 ff. BGB geschlossen. Danach ist zwischen der Gemeinde G und B vorliegend durch zwei miteinander übereinstimmende Willenserklärungen ein Vertrag zustande gekommen.

II. Nichtigkeit des Vertrages

Die Frage, ob der Vertrag an einem zur Nichtigkeit führenden Rechtsmangel leidet, kann in drei Schritten überprüft werden. Vorab kann gefragt werden, ob sich die Verwaltung überhaupt der Handlungsform des Verwaltungsvertrages bedienen durfte (1.). Im Anschluss daran können die formelle (2.) und die materielle (3.) Rechtmäßigkeit des Vertrages betrachtet werden und alle festgestellten Rechtsfehler sind danach auf ihre Rechtsfolge zu untersuchen.

Hinweis: Damit ein öffentlich-rechtlicher Vertrag unwirksam ist und keine Grundlage mehr für Leistungsansprüche bilden kann, muss er nicht nur rechtswidrig, sondern *nichtig* sein. Deshalb liegt das Hauptproblem der Prüfung öffentlich-rechtlicher Verträge meistens in der Suche nach der Fehlerfolge (nichtig oder wirksam), die normativ in § 59 VwVfG verankert ist. Der Vertrag ist daher auf seine Rechtmäßigkeit zu überprüfen und jeder festgestellte Rechtsfehler ist anschließend auf seine Rechtsfolge zu untersuchen.

1. Zulässigkeit der Vertragsform

Die Handlungsform des Verwaltungsvertrages ist gem. § 54 S. 1 VwVfG zulässig, „soweit Rechtsvorschriften nicht entgegenstehen." So gibt es Regelungen, die zwingend den Erlass eines Verwaltungsaktes vorsehen oder von ihrem Sinn und Zweck her eine Regelung durch Vertrag ausschließen (etwa die Ernennung eines Beamten oder die Festsetzung von Steuern). Fraglich ist, ob auch im vorliegenden Fall ein solches ausdrückliches oder konkludentes Handlungsformverbot besteht, denn auch die baurechtlichen Gesetze, die die Befugnis zum Bauen regeln, sind prinzipiell auf Verwaltungsakte zugeschnitten. Von der Frage, ob es der Behörde verwehrt ist, anstatt einen Verwaltungsakt zu erlassen, einen öffentlich-rechtlichen Vertrag zu schließen, ist jedoch die Frage zu unterscheiden, ob die Behörde sich in einem öffentlich-rechtlichen Vertrag verpflichten darf, einen Verwaltungsakt mit einem bestimmten Inhalt zu erlassen. So wird vorliegend im Rahmen des Vertrages nicht die Bauerlaubnis unmittelbar ausgesprochen, sondern die Behörde verpflichtet sich lediglich ihrem Vertragspartner B eine Baugenehmigung mit einem bestimmten Inhalt zu erlassen. Die Frage, inwieweit auch für baurechtliche Genehmigungen ein Handlungsformverbot besteht, muss daher nicht weiter diskutiert werden.

2. Formelle Rechtmäßigkeit

Ein wichtiges Verfahrenserfordernis setzt § 58 VwVfG, der auf dem Gedanken beruht, dass es keine Verträge zu Lasten Dritter geben darf. Nach Abs. 1 der Vorschrift müssen daher Dritte dem Vertrag zustimmen, falls dieser in ihre Rechte eingreift. Nach § 58 II VwVfG kann ferner die Zustimmung einer anderen Behörde erforderlich sein. Im vorliegenden Sachverhalt ist jedoch die Erforderlichkeit einer Zustimmung eines Dritten oder einer anderen Behörde nicht ersichtlich. Schließlich wurde die nach § 57 VwVfG zu beachtende Schriftform gewahrt.

3. Materielle Rechtmäßigkeit

Der Vertrag müsste ferner materiell rechtmäßig sein, das heißt, der Inhalt des Vertrages darf nicht gegen zwingende gesetzliche Normen verstoßen, insbesondere nicht gegen die §§ 55, 56 VwVfG. Deren Anwendbarkeit setzt jedoch voraus, dass es sich bei dem vorliegenden Vertrag um einen Vertrag i.S.d. § 54 S. 2 VwVfG handelt. Man spricht insoweit von *subordinationsrechtlichen Verträgen*. Der Wortlaut des § 54 S. 2 VwVfG gibt dabei das Gemeinte allerdings nur unvollständig wieder. Als subordinationsrechtliche Verträge sind nicht allein Verträge zu verstehen, in denen die Verwaltung auch einen VA hätte erlassen können. Erfasst sind vielmehr alle Verträge, die allgemein das Staat-Bürger-Verhältnis, das traditionell als Über-Unterordnungsverhältnis begriffen wird, betreffen.[16]

Hinweis: Strittig ist dabei, inwieweit für die Beurteilung, ob ein Über- Unterordnungs-Verhältnis besteht, eine abstrakte oder konkrete Betrachtungsweise gewählt werden muss. Nach der überwiegenden Auffassung handelt es sich schon dann um einen subordinationsrechtlichen Vertrag, wenn zwischen den Vertragsparteien im Allgemeinen – also nicht nur im konkreten Rechtsverhältnis – ein Über-Unterordnungs-Verhältnis besteht. Danach sind grds. alle Verträge zwischen Staat und Bürger subordinationsrechtlich.

§ 54 S. 2 VwVfG ist somit eher weit auszulegen. Im vorliegenden Fall hätte sowohl die Erteilung der Baugenehmigung als auch die finanzielle Ablösung der Verpflichtung zur Schaffung von Stellplätzen als Verwaltungsakt ergehen können. Der getroffene „Stellplatzablösevertrag" stellt daher einen subordinationsrechtlichen Vertrag dar.

a) Verstoß gegen § 56 VwVfG

Dieser Vertrag muss sich an den Voraussetzungen der §§ 55, 56 VwVfG messen lassen. Vorliegend könnte gegen § 56 VwVfG verstoßen worden sein. Hierzu müsste es sich um einen „Austauschvertrag" handeln, also um einen öffentlich-rechtlichen Vertrag i.S.v. § 54 S. 2 VwVfG, in dem sich der Vertragspartner der Behörde zu einer Gegenleistung verpflichtet. Die Gemeinde G verpflichtet sich vor-

[16] Abzugrenzen ist der subordinationsrechtliche Vertrag von einem Vertrag zwischen verschiedenen Hoheitsträgern (sog. **koordinationsrechtlicher Vertrag**).

liegend, dem B eine Baugenehmigung unter Befreiung von der Stellplatzpflicht zu erteilen, während B im Gegenzug 5.000 € für die Errichtung eines neuen kommunalen Kindergartens leisten muss. B als Vertragspartner der Behörde verpflichtet sich somit zu einer Gegenleistung. Es handelt sich daher um einen Austauschvertrag i.S.d. § 56 VwVfG.

Hinweis: Auch der Austauschvertrag i.S.d. § 56 VwVfG wird weit verstanden und ist nicht auf Verträge beschränkt, in denen jeder Vertragspartner seine Leistung nur deshalb verspricht, um die Leistung des anderen zu erhalten. Ein Austauschvertrag wird selbst dann angenommen, wenn sich nur der Vertragspartner der Behörde im Vertrag (also schriftlich) zu einer Leistung verpflichtet, um von der Behörde eine außervertraglich versprochene oder von beiden Vertragsparteien stillschweigend vorausgesetzte Leistung zu erhalten (sog. **hinkende Austauschverträge).**

Bei derartigen Austauschverträgen besteht zum einen die Gefahr, dass ein Ausverkauf von Hoheitsrechten stattfindet und zum anderen, dass sich die Verwaltung aufgrund ihrer überlegenen Verhandlungsposition unangemessene Gegenleistungen versprechen lässt. Dieser Gefahr begegnet § 56 VwVfG, indem in dessen Abs. 1 zunächst vier Voraussetzungen benannt werden, unter denen eine Gegenleistung des Bürgers für eine behördliche Leistung vereinbart werden darf. Die für einen bestimmten Zweck erhobene Gegenleistung muss der Erfüllung behördlicher Aufgaben dienen, angemessen sein und in einem sachlichen Zusammenhang zu der Leistung der Behörde stehen, womit ein *Kopplungsverbot* bezüglich sachfremder Gegenleistungen normiert wird. Dieses Verbot der sachwidrigen Kopplung aus § 56 I S. 2 VwVfG könnte vorliegend verletzt worden sein. Denn die Errichtung eines Kindergartens gehört zwar zu den öffentlichen Aufgaben der Gemeinde und ist grds. nicht zu beanstanden, bei der Stellplatzablöse geht es indes allein um die Bewältigung von Parkplatzproblemen. Es ist daher sachwidrig, die Stellplatzablösung mit der Finanzierung von Kindergartenplätzen zu koppeln. Es liegt somit ein Verstoß gegen das *Kopplungsverbot* des § 56 I S. 2 VwVfG vor.

Noch strenger sind die Anforderungen des § 56 II VwVfG, wenn auf die behördliche Leistung ein Anspruch besteht. In diesem Fall verweist § 56 II VwVfG ausdrücklich auf die Vorschriften für Nebenbestimmungen (§ 36 I VwVfG). Da auf die gebundene Entscheidung der Erteilung einer Baugenehmigung ein Anspruch besteht, ist der Vertragsinhalt vorliegend auch an § 56 II VwVfG zu messen. Eine Nebenbestimmung gleichen Inhalts wäre nicht zulässig, da eine Geldzahlung zur Errichtung eines neuen Kindergartens weder gesetzlich vorgesehen ist noch dazu beiträgt, die Voraussetzungen der Baugenehmigung zu sichern (§ 36 I VwVfG). Die vertragliche Kopplung einer Baugenehmigung mit einer Kindergartenfinanzierung verstößt somit auch gegen § 56 II VwVfG.

b) Rechtsfolge des Verstoßes

Die Fehlerfolge eines Verstoßes ist in § 59 II Nr. 4 VwVfG geregelt. Danach ist der Vertrag nichtig, wenn sich die Behörde eine nach § 56 VwVfG unzulässige Gegenleistung versprechen lässt. Der zwischen B und der Gemeinde geschlossene Vertrag ist folglich gem. § 59 II Nr. 4 VwVfG nichtig und kann somit keine Grundlage mehr für Leistungsansprüche darstellen.

Hinweis: Entscheidend für die Wirksamkeit oder Nichtigkeit des Vertrages ist die Fehlerfolgenorm des § 59 VwVfG. Bei der Prüfung des § 59 VwVfG ist zu beachten, dass dessen Abs. 2 als lex specialis zu Abs. 1 Sonderregelungen für bestimmte Fälle materieller Rechtswidrigkeit bei subordinationsrechtlichen Verträgen enthält. Abs. 1 dagegen enthält als Generalklausel eine allgemeine Verweisung auf die Nichtigkeitsgründe des BGB.
Um die speziell auf verwaltungsrechtliche Verträge zugeschnittenen Wertungen richtig zu erfassen, ist daher § 59 II VwVfG vor § 59 I VwVfG zu prüfen. Bei der Anwendung des § 59 I VwVfG i. V. m. § 134 BGB ist zudem zu beachten, dass nicht jeder Verstoß gegen ein gesetzliches Verbot zur Nichtigkeit des Vertrages führt, sondern ein gravierender Verstoß zu fordern ist. Ansonsten würde § 134 BGB dazu führen, dass jeder rechtswidrige Vertrag zugleich auch nichtig und die differenzierte Regelung des § 59 II VwVfG damit überflüssig wäre.

Weitere Nichtigkeitsgründe sind nicht ersichtlich.

4. Ergebnis

Der zwischen der Gemeinde G und B geschlossene öffentlich-rechtliche Vertrag ist gem. § 59 II Nr. 4 VwVfG nichtig. Die Grundlage für den Zahlungsanspruch der Gemeinde ist damit entfallen. Sie hat daher gegenüber B keinen Anspruch auf Zahlung der 5.000 €. Ihre allgemeine Leistungsklage ist somit unbegründet.

C. Ergebnis

Die Klage der Gemeinde G ist zwar zulässig, aber unbegründet und hat daher keine Aussicht auf Erfolg.

Abwandlung

Als Anspruchsgrundlage für das Rückzahlungsbegehren des B kommt ein *öffentlich-rechtlicher Erstattungsanspruch* in Betracht. Dieses Rechtsinstitut steht zur Verfügung, um Vermögensverschiebungen rückgängig zu machen, die im Rahmen des öffentlichen Rechts ohne Rechtsgrund erfolgt sind. Obwohl die Parallelen zur ungerechtfertigen Bereicherung nach den §§ 812 ff. BGB damit auf der Hand liegen, handelt es sich um einen eigenständigen öffentlich-rechtlichen Anspruch.[17]

Durch die Geldzahlung des B hat vorliegend eine Vermögensverschiebung stattgefunden. Diese war auch öffentlich-rechtlicher Natur, da B zur Erfüllung des öffentlich-rechtlichen Vertrages geleistet hat. Da dieser Vertrag an einem zur Nichtigkeit führenden Mangel leidet (§ 59 II Nr. 4 VwVfG), erfolgte die Geldleistung ohne Rechtsgrund. Die Voraussetzungen des öffentlich-rechtlichen Erstattungsanspruchs liegen damit vor und B hat einen Anspruch auf Rückzahlung der 5.000 € gegen die Gemeinde G. Die Möglichkeit, sich in entsprechender Anwendung des § 818 III BGB auf den Wegfall der Bereicherung zu berufen, ist für die Gemeinde ausgeschlossen.[18]

---

[17] Näher zur Herleitung und den einzelnen Voraussetzungen des öffentlich-rechtlichen Erstattungsanspruchs siehe: *Thiele*, Staatshaftungsrecht, S. 121 ff.

[18] Siehe dazu *Thiele*, Staatshaftungsrecht, S. 124 f.

Fall 10: Schädelbräu

▸ **Standort:** Feststellungsklage

Harald (H) hat sein Hobby zum Beruf gemacht und bei Linkus Müller eine Ausbildung zum Brauer gemacht. Nach einigen Jahren als Geselle fällt es H aufgrund seiner extensiven Abendgestaltung immer schwerer, morgens früh aufzustehen und die 8-Stunden-Schichten zu bewältigen. Außerdem kommt er mit seinem Gehalt schon seit Monaten nicht aus. So beschließt H, sich mit einer eigenen Brauerei selbständig zu machen und meldet sich für die Meisterprüfungsausbildung an. Ein halbes Jahr vor der Prüfung hat H den Eindruck, mittlerweile die erforderlichen Kenntnisse zu besitzen und macht sich auf die Suche nach entsprechenden Räumlichkeiten. Sodann mietet er eine schon länger stillgelegte Brauerei an und macht sich ans Werk. Als Name für seine Brauerei hat sich H „Schädelbräu" ausgedacht und will mit dem Slogan „Drei kleine Schädel am Abend, ein großer Schädel am Morgen" den Markt richtig aufmischen.

Nachdem alle Vorbereitungen getroffen sind, zeigt H gegenüber der Handwerkskammer an, nun den Brauereibetrieb aufzunehmen. Rechtsreferendar R, der gerade seine Wahlstation dort macht, teilt ihm daraufhin informatorisch mit, dass er zunächst seine Meisterprüfung ablegen solle, dann einen Antrag auf Eintragung in die Handwerksrolle stellen müsse und erst dann die Ausübungsberechtigung für die Brauerei erhalten könne. Sollte H trotzdem mit dem Betrieb beginnen, müsse er mit behördlichen Maßnahmen rechnen.

H will dies jedoch nicht hinnehmen, da er auch schon etliche Vorbestellungen hat. Er erhebt daher Klage vor dem Verwaltungsgericht mit dem Antrag festzustellen, dass er die Brauerei auch ohne die dargestellten Anforderungen betreiben dürfe. Schließlich habe er die erforderlichen Kenntnisse. Hat die Klage Aussicht auf Erfolg?

A. Zulässigkeit
I. Eröffnung des Verwaltungsrechtsweges
II. Statthafte Klageart
1. Rechtsverhältnis i.S.d. § 43 I VwGO
2. Subsidiarität gem. § 43 II VwGO
3. Feststellungsinteresse § 43 II VwGO
III. Klagebefugnis (§ 42 II VwGO analog)
IV. Vorverfahren und Klagefrist
V. Klagegegner
VI. Allgemeines Rechtsschutzbedürfnis
VII. Ergebnis der Zulässigkeitsprüfung
B. Begründetheit
I. Genehmigungsbedürftigkeit der Tätigkeit des H
II. Ergebnis

Die Klage des H hat Aussicht auf Erfolg, wenn sie zulässig und begründet ist.

A. Zulässigkeit

I. Eröffnung des Verwaltungsrechtsweges

Die aufdrängende Sonderzuweisung des § 12 HandwO ist sachlich nicht einschlägig, da H gerade nicht die Eintragung in die Handwerksrolle anstrebt. Der Verwaltungsrechtsweg könnte aber über § 40 I VwGO eröffnet sein.

Streitgegenstand ist vorliegend die Frage, ob H seine Brauerei auch ohne Eintragung in die Handwerksrolle betreiben darf. Streitentscheidende Normen sind dabei solche der HandwO, mithin solche, die zumindest auf der einen Seite stets einen Träger der öffentlichen Gewalt berechtigen oder verpflichten. Nach der mod. Subjektstheorie handelt es sich demnach um eine öffentlich-rechtliche Streitigkeit.

Diese ist auch nichtverfassungsrechtlicher Art, da es der Streitigkeit an der sog. doppelten Verfassungsunmittelbarkeit fehlt. Eine abdrängende Sonderzuweisung ist nicht ersichtlich. Der Verwaltungsrechtsweg ist somit über die Generalklausel des § 40 I S. 1 VwGO eröffnet.

II. Statthafte Klageart

Die statthafte Klageart richtet sich gem. § 88 VwGO nach dem Begehren des Klägers. H begehrt vorliegend die Feststellung, dass er ohne Meisterprüfung und Eintragung in die Handwerksrolle seinen Brauereibetrieb aufnehmen kann. Statthafte Klageart könnte demnach die *Feststellungsklage* gem. § 43 I, 1. Alt. VwGO sein.

1. Rechtsverhältnis i.S.d. § 43 I VwGO

Dies setzt voraus, dass es sich bei dem geschilderten Sachverhalt um ein **feststellungsfähiges Rechtsverhältnis** i.S.d. § 43 I VwGO handelt. Unter einem Rechtsverhältnis i.S.d. § 43 I VwGO versteht man die sich aus einem *konkreten Sachverhalt* aufgrund einer Rechtsnorm ergebende *rechtliche Beziehung* einer *Person* zu einer *anderen Person* oder zu einer *Sache*. Vorliegend geht es um die Brauerei des H und die Frage, ob er diese Brauerei betreiben darf, ohne eine entsprechende Berechtigung zu besitzen, ohne Meister zu sein und ohne sich in die Handwerksrolle eintragen zu lassen.

Als Gewerbetreibender im handwerklichen Bereich hat H verschiedene Rechte und Pflichten gegenüber der Handwerkskammer, welche sich u.a. aus der HandwO ergeben. Ob H die obigen Voraussetzungen erfüllen muss, um die Brauerei zu betreiben, ist ein abtrennbarer Teil des Gesamtrechtsverhältnisses zwischen H und der Handwerkskammer. Mithin liegt ein hinreichend konkretes Rechtsverhältnis i.S.d. § 43 I, 1. Alt. VwGO vor.

2. Subsidiarität gem. § 43 II VwGO

Fraglich ist, ob die Feststellungsklage nicht wegen der in § 43 II S. 1 VwGO angeordneten **Subsidiarität** unstatthaft ist. Nach dieser Norm ist die Feststellungsklage nach § 43 I 1. Alt. VwGO nur statthaft, wenn der Kläger seine Rechte nicht durch Gestaltungs- (z. B. Anfechtungsklage) oder

Leistungsklage (z. B. Verpflichtungsklage) verfolgen kann.[19] Eine Anfechtungsklage kommt vorliegend nicht in Betracht, da noch kein VA existiert, gegen den sich H wenden könnte.

Ebenso verhält es sich mit der Verpflichtungsklage. Nach § 42 I, 2. Alt. VwGO ist die Verpflichtungsklage nur einschlägig, wenn der Kläger *den Erlass eines VAs* begehrt. H begehrt hier jedoch gerade keinen VA in Gestalt einer Genehmigung, sondern möchte lediglich ungehindert seine Brauerei betreiben. Mit einer Verpflichtungsklage würde sich H somit in Widerspruch zu seiner eigenen Rechtsauffassung von der Genehmigungsfreiheit seiner Tätigkeit setzen.

Der Mitarbeiter der Handwerkskammer hat gegenüber H angedeutet, bei Betrieb der Brauerei ohne die entsprechenden Voraussetzungen werde man „Maßnahmen" ergreifen. Denkbar wäre deshalb möglicherweise eine vorbeugende Unterlassungsklage als Unterfall der allgemeinen Leistungsklage gegen zukünftige Zwangsmaßnahmen durch die Handwerkskammer.

Allerdings gilt die Subsidiaritätsklausel des § 43 II S.1 VwGO nur, wenn der Sinn und Zweck der Vorschrift es erfordert. Sinn und Zweck der Klausel ist es, zum einen zu verhindern, dass der Kläger die strengeren Zulässigkeitsvoraussetzungen der Gestaltungs- und Leistungsklage umgeht (z.B. form- und fristgerechtes Vorverfahren) und zum anderen, der Gefahr vorzubeugen, dass die Angelegenheit mehrfach gerichtlich geklärt werden muss. Im Verhältnis vorbeugende Unterlassungsklage – Feststellungsklage besteht diese Gefahr indes nicht. Mithin ist die Feststellungsklage auch unter Berücksichtigung der Subsidiaritätsklausel des § 43 II, 1. Alt. VwGO statthaft.

---

[19] Dieser klare Vorrang der übrigen Klagearten wird von der Rechtsprechung aber dadurch unterlaufen, dass die Feststellungsklage bei an sich möglicher Leistungsklage gegen öffentliche Hoheitsträger angewendet und damit der Grundsatz der Subsidiarität durchbrochen wird. Die Anwendung der Feststellungsklage bei Klagen gegen Träger der öffentlichen Gewalt wird damit begründet, dass Behörden sich auch ohne Leistungsurteil an die gerichtlich festgestellte Rechtslage halten werden. In der Literatur wird diese Auffassung jedoch fast einhellig abgelehnt.

3. Feststellungsinteresse

Der Kläger H müsste gem. § 43 I a. E. VwGO ein berechtigtes Interesse an der baldigen Feststellung haben (**Feststellungsinteresse**). Das berechtigte Interesse umfasst dabei jedes als schutzwürdig anzuerkennende Interesse rechtlicher, wirtschaftlicher oder ideeller Art, geht also weiter als das zu schützende Recht nach § 42 II VwGO. Die Behörde hat hier offensichtlich eine andere Auffassung als H hinsichtlich der Erfordernisse an den Betrieb einer Brauerei und droht mit Konsequenzen im Falle des fortgesetzten Betriebs. Damit sich H Sicherheit über mögliche weitere Dispositionen bzgl. der Brauerei verschaffen kann, hat er daher ein berechtigtes Interesse an der baldigen Feststellung der Rechtslage.

III. Klagebefugnis (§ 42 II VwGO analog)

Die Rechtsprechung wendet auf die Feststellungsklage § 42 II VwGO analog an. Die überwiegende Ansicht in der Literatur lehnt dies indes mit dem Hinweis ab, dass es insoweit an einer planwidrigen Regelungslücke und damit an einer Voraussetzung der Analogie fehle. Denn Popularklagen würden bereits über die Anwendung des Merkmals „konkretes Rechtsverhältnis“ und durch das notwendige Feststellungsinteresse zuverlässig ausgeschaltet. Dieser Streit spielt allerdings nur dann eine Rolle, wenn durch das gegebene Feststellungsinteresse nicht gleichzeitig auch eine mögliche Rechtsverletzung i.S.d. § 42 II VwGO vorliegt. Aufgrund der Ankündigungen der Handwerkskammer kann H vorliegend jedoch auch eine mögliche Verletzung in eigenen Rechten geltend machen (Art. 12 I GG). H ist also analog § 42 II VwGO klagebefugt.

IV. Vorverfahren und Klagefrist

Die Durchführung eines Vorverfahrens und die Einhaltung einer Klagefrist sind bei der Feststellungsklage nicht vorgesehen.

V. Klagegegner

Bei der allgemeinen Feststellungsklage bestimmt sich der richtige Klagegegner nach dem **allgemeinen Rechtsträgerprinzip**. Dies ist vorliegend die Handwerkskammer.

VI. Allgemeines Rechtsschutzbedürfnis

H müsste ein Rechtsschutzbedürfnis für die Klage haben. Dies könnte problematisch sein, da bislang lediglich „informatorisch" durch die Handwerkskammer mitgeteilt wurde, dass eventuell behördliche Maßnahmen drohen. Fraglich ist daher, ob es H zumutbar ist, auf die angekündigten Maßnahmen zu warten und diese dann anschließend mit dem jeweils einschlägigen Rechtsbehelf anzugreifen.

Dies ist jedoch aus verschiedenen Gründen abzulehnen: Zum einen ist für H nicht ersichtlich, welche Maßnahmen tatsächlich getroffen werden. Möglicherweise wird die Behörde sofort Vollstreckungsmaßnahmen einleiten. Der diese begründende Grund-VA wäre dann zwar möglicherweise rechtswidrig, jedoch trotzdem zunächst wirksam. Zum anderen ist hier die Feststellungsklage auch rechtsschutzintensiver als eine hypothetische zukünftige Anfechtungsklage. Anhand der vorliegenden Feststellungsklage wird das Gericht klären, ob H für den Betrieb der Brauerei eine Erlaubnis benötigt, Meister-, sowie in die Handwerksrolle eingetragen sein muss. Diese Feststellungen erwachsen vollumfänglich in Rechtskraft. Im Falle einer Anfechtungsklage würde lediglich in Rechtskraft erwachsen, dass der konkrete („Maßnahmen"-) VA rechtswidrig ist. Die im Rahmen der Feststellungsklage aufgeworfenen Fragen würden lediglich inzident geprüft. Dementsprechend besteht bei H auch das erforderliche allgemeine Rechtsschutzbedürfnis.

VI. Ergebnis der Zulässigkeitsprüfung

Die Klage des H ist als Feststellungsklage nach § 43 I, 1. Alt. VwGO zulässig.

Hinweis: Die Abgrenzung zwischen Subsidiarität, Feststellungsinteresse und allgemeinem Rechtsschutzbedürfnis bei der Feststellungsklage sind im Einzelnen recht schwierig und auch umstritten. Hier empfiehlt sich zur Vertiefung bzw. Wiederholung der Blick in ein Lehrbuch.

B. Begründetheit

Die Feststellungsklage ist begründet, wenn das behauptete Rechtsverhältnis besteht bzw. nicht besteht, das heißt vorliegend, wenn H berechtigt ist, seine Brauerei ohne Genehmigung zu betreiben. Dies ist der Fall, wenn die Voraussetzungen eines gesetzlichen Genehmigungserfordernisses nicht eingreifen. Dies richtet sich hier nach den Normen der Handwerksordnung.

I. Genehmigungsbedürftigkeit der Tätigkeit des H

Nach § 16 I HandwO hat, wer den Betrieb eines zulassungspflichtigen Handwerks nach § 1 HandwO anfängt, bei der Anzeige nach § 14 HandwO, die die Eintragung in die Handwerksrolle bestätigende Handwerkskarte vorzulegen. Von der handwerksmäßigen Betreibung i.S.d. § 1 II HandwO ist hier auszugehen. In die Handwerksrolle eingetragen wird grundsätzlich nach § 7 I a HandwO, wer in dem gegenständlichen zulassungspflichtigen Handwerk die Meisterprüfung bestanden hat. Nach § 16 III HandwO kann der Betrieb eines zulassungspflichtigen Handwerks bei Nichtvorliegen der vorgenannten Voraussetzungen untersagt werden. Es ist daher zu entscheiden, ob das von H betriebene Handwerk des Brauers zu den zulassungspflichtigen Handwerken zählt. Nach § 18 II HandwO sind solche handwerksmäßig betriebenen Gewerbe zulassungsfrei, die in Anlage B Abschnitt 1 zur HandwO aufgeführt sind. Nach Nr. 29 der Anlage B gehört ein Brauereibetrieb zu den *zulassungsfreien* Handwerken. H braucht daher weder eine besondere Berechtigung, noch eine abgelegte Meisterprüfung, noch eine Eintragung in die Handwerksrolle, um seine Brauerei zu betreiben.

II. Ergebnis

Da die von H begehrten Feststellungen nach dem einschlägigen Gesetz zutreffen, ist die Klage vollumfänglich begründet.

Ergänzender Hinweis: Die vorstehende Falllösung setzt zumindest Grundkenntnisse im Handwerksrecht voraus. Zur Vertiefung bzw. Wiederholung dieser Materie wird auf die überblicksweise Darstellung des Handwerksrechts im Skript *„Einführung in das Verwaltungsrecht BT 1"*, S. 112 ff. verwiesen.

Fall 11: Oscarverdächtig

▸ **Standort:** Widerruf rechtmäßiger Verwaltungsakte

Die Stadt S führt vom 19. bis 21. Januar ein lokales Filmfestival durch. Um dabei die Teilnahme junger Regisseure zu fördern, gewährt S aufgrund eines entsprechenden Titels im Gemeindehaushalt einmalige Geldleistungen (sog. verlorene Zuschüsse) für die Anfertigung von Filmen für das Festival. Die entsprechenden vom Rat erlassenen Subventionsrichtlinien lauten:

„Der Zuschuss ist zur Anfertigung eines bestimmten Films zu verwenden. Die geförderten Filme müssen mindestens vier Wochen vor Beginn des Festivals abgeliefert werden."

Daraufhin wird dem hoffnungsvollen Nachwuchsregisseur T, der mit Hilfe der Förderung seinen Kurzfilm „Titanic" realisieren will, auf dessen Antrag ein Zuschuss von 5.000 € bewilligt, wobei in dem Bescheid ausdrücklich auf die Subventionsrichtlinien Bezug genommen wird. Nachdem T noch einmal schriftlich die Kenntnisnahme von den Subventionsrichtlinien bestätigt hat, erfolgt daraufhin die Auszahlung des Zuschusses.

T reicht jedoch, trotz mehrfachen Aufforderungen durch den Oberbürgermeister, seinen Filmbeitrag bis zum Ende des Festivals nicht ein, sondern teilt der Stadt S vielmehr mit, dass er zeitweilig einen lukrativen Auftrag zur Gestaltung eines Müsli-Riegel Werbespots erhalten habe und sich auf-

grund dessen nicht in der Lage sah, seinen Kurzfilm rechtzeitig fertig zu stellen. Zudem wäre eine adäquate Umsetzung seiner künstlerischen Vorstellungen mit den geringen Fördergeldern, die im Übrigen bereits restlos verbraucht seien, ohnehin nicht möglich gewesen. Die Stadt S hebt daraufhin den Förderungsbescheid auf und verlangt von T mit der Begründung, dass die Voraussetzungen der Vergabe nicht eingehalten worden seien, die sofortige Rückzahlung des Zuschusses.
Ein Widerspruch des T dagegen bleibt erfolglos. Er erhebt daher beim zuständigen Verwaltungsgericht Klage, um das Vorgehen der Stadt S überprüfen zu lassen.

Hat die Klage des T Aussicht auf Erfolg?

A. Zulässigkeit
I. Eröffnung des Verwaltungsrechtsweges
II. Statthafte Klageart
III. Klagebefugnis (§ 42 II VwGO)
IV. Vorverfahren (§ 68 VwGO)
V. Klagefrist (§ 74 VwGO)
VI. Klagegegner (§ 78 VwGO)
VII. Ergebnis der Zulässigkeitsprüfung
B. Objektive Klagehäufung gem. § 44 VwGO
C. Begründetheit
I. Rechtmäßigkeit des Aufhebungsbescheids
1. Ermächtigungsgrundlage
a) Rechtmäßigkeit des ursprünglichen Bewilligungsbescheids
b) Zwischenergebnis
2. Formelle Rechtmäßigkeit
3. Materielle Rechtmäßigkeit
a) Tatbestand des § 49 VwVfG
b) Rechtsfolge
4. Ergebnis
II. Rechtmäßigkeit des Rückforderungsbescheids
1. Ermächtigungsgrundlage
2. Formelle Rechtmäßigkeit
3. Materielle Rechtmäßigkeit
4. Ergebnis
D. Endergebnis

Die Klage hat Aussicht auf Erfolg, wenn sie zulässig und begründet ist.

A. Zulässigkeit

I. Eröffnung des Verwaltungsrechtsweges

Die Eröffnung des Verwaltungsrechtsweges richtet sich mangels aufdrängender Sonderzuweisung nach § 40 I VwGO. Danach ist der Verwaltungsrechtsweg in allen öffentlich-rechtlichen Streitigkeiten nichtverfassungsrechtlicher Art eröffnet, soweit diese nicht einem anderen Gericht gesetzlich zugewiesen sind. Hinsichtlich der Aufhebung des Bewilligungsbescheids und bezüglich des Rückzahlungsbegehrens kommen als streitentscheidende Normen zum einen §§ 48, 49 VwVfG und zum anderen § 49a VwVfG in Betracht. Dabei handelt es sich durchweg um Normen, die einseitig Träger öffentlicher Gewalt berechtigen und verpflichten und damit nach der mod. Subjektstheorie dem öffentlichen Recht angehören.

Die Aufhebung des Zuschusses stellt zudem die Kehrseite der öffentlich-rechtlichen Bewilligung und die Rückzahlung die Kehrseite der im Rahmen eines öffentlich-rechtlichen Rechtsverhältnisses erfolgten Auszahlung dar. Auch mit Hilfe der *actus-contrarius*-Theorie lässt sich die Streitigkeit somit als öffentlich-rechtlich qualifizieren.[20] Die Streitigkeit ist zudem weder verfassungsrechtlicher Art, da keine obersten Verfassungsorgane über spezifisches Verfassungsrecht streiten, noch ist die Klage sondergesetzlich einem anderen Gericht zugewiesen. Die Voraussetzungen des § 40 I S. 1 VwGO sind demnach erfüllt.

Hinweis: Bereits bei der Eröffnung des Verwaltungsrechtsweges sollte deutlich werden, dass T sich gegen zwei Klagegegenstände wendet. Nämlich zum einen gegen die Aufhebung des Bewilligungsbescheids und zum anderen gegen das Rückforderungsverlangen.

---

[20] Auf die sog. Zwei-Stufen-Theorie kann hingegen zur Begründung der öffentlich-rechtlichen Streitigkeit im vorliegenden Fall gerade nicht zurückgegriffen werden. Der verlorene Zuschuss zeichnet sich dadurch aus, dass die Höhe der Subvention durch VA festgesetzt und ausgezahlt wird. Es gibt somit nur eine Stufe, anders etwa als bei einem Subventionsdarlehen.

II. Statthafte Klageart

Die statthafte Klageart richtet sich gem. § 88 VwGO nach dem Begehren des Klägers. T strebt vorliegend die Abwehr sowohl des Aufhebungs- als auch des Rückforderungsbescheids an. Dabei handelt es sich um zwei eigenständige Regelungen. Statthafte Klageart könnte für beide die Anfechtungsklage gem. § 42 I, 1. Alt. VwGO sein, sofern die Aufhebung des Bewilligungsbescheids und der Rückforderungsbescheid als Verwaltungsakte zu qualifizieren sind. Die Aufhebung als rechtsgestaltende Regelung und *actus contrarius* der Bewilligung weist alle Merkmale eines Verwaltungsaktes nach § 35 S. 1 VwVfG auf. Ebenso erfüllt die einseitig-verbindliche Festsetzung des zurück zu erstattenden Betrags und die Geltendmachung eines entsprechenden Zahlungsbegehrens inhaltlich alle Merkmale eines Verwaltungsaktes. Folglich ist für beide Klagebegehren die Anfechtungsklage gem. § 42 I, 1. Alt. VwGO die statthafte Klageart.

III. Klagebefugnis (§ 42 II VwGO)

Als Adressat belastender Verwaltungsakte kann T zumindest geltend machen, in seiner allgemeinen Handlungsfreiheit, Art. 2 I GG, verletzt zu sein. Folglich steht ihm die nach § 42 II VwGO erforderliche Klagebefugnis zu.

IV. Vorverfahren (§ 68 VwGO)

Ein gem. §§ 68 ff. VwGO erforderliches Widerspruchsverfahren hinsichtlich der beiden in dem Schreiben der Stadt enthaltenen Verwaltungsakte ist ordnungsgemäß durchgeführt worden (zur etwaigen Entbehrlichkeit siehe Seite 29).

V. Klagefrist (§ 74 VwGO)

Gem. § 74 I S. 1 VwGO müsste T die Klage innerhalb eines Monats nach Zustellung des Widerspruchbescheids einreichen.

VI. Klagegegner (§ 78 VwGO)

Sofern das Landesrecht keine Bestimmung i.S.v. § 78 I Nr. 2 VwGO enthält – wovon mangels entsprechender Hinweise im Sachverhalt auszugehen ist – ist die Klage nach dem in § 78 I Nr. 1 VwGO normierten Rechtsträgerprinzip gegen die Stadt S zu richten.

VII. Ergebnis der Zulässigkeitsprüfung

Beide Anfechtungsklagen sind somit zulässig.

B. Objektive Klagehäufung gem. § 44 VwGO

Beide Anfechtungsklagen können in einem Verfahren verfolgt werden, wenn die Voraussetzungen einer objektiven Klagehäufung gem. § 44 VwGO vorliegen. Die Klagen richten sich jeweils gegen die Stadt S und fallen in die Zuständigkeit desselben Gerichts (§§ 45, 52 VwGO). Auch ist der erforderliche sachliche Zusammenhang gegeben, denn der Erfolg der Anfechtungsklage über den Aufhebungsbescheid entscheidet über das Vorliegen bzw. Fehlen eines Rechtsgrunds der Vermögensverschiebung und damit über die erfolgreiche Geltendmachung des Rückzahlungsanspruchs. Die Voraussetzungen einer objektiven Klagehäufung liegen somit vor.[21]

C. Begründetheit

Die Klagen sind begründet, soweit die angefochtenen Verwaltungsakte rechtswidrig sind und T dadurch in seinen Rechten verletzt ist (§ 113 I S. 1 VwGO).

I. Rechtmäßigkeit des Aufhebungsbescheids

Der Aufhebungsbescheid ist rechtswidrig, wenn er sich nicht auf eine wirksame Ermächtigungsgrundlage stützen lässt oder formell oder materiell rechtswidrig ist.

---

[21] Sind die Voraussetzungen des § 44 VwGO nicht erfüllt, so führt dies nicht zur Unzulässigkeit der Klage, sondern das Gericht wird die Verfahren trennen. Daher sollte die Möglichkeit der objektiven Klagehäufung gem. § 44 VwGO zwischen Zulässigkeit und Begründetheit geprüft werden.

1. Ermächtigungsgrundlage

Als belastende rechtliche Anordnung bedarf die Aufhebung des Bewilligungsbescheids einer gesetzlichen Grundlage (Vorbehalt des Gesetzes). Haushaltsrechtliche Sondervorschriften für die Aufhebung kommunaler Zuwendungen bestehen nicht. Als Ermächtigungsgrundlage für den Aufhebungsbescheid kommen somit nur die §§ 48, 49 VwVfG in Betracht.

Merke: Bei der Suche nach der geeigneten Ermächtigungsgrundlage für behördliches Handeln ist immer der Vorrang von Spezialgesetzen zu beachten. Im Bereich der Aufhebung von Verwaltungsakten enthält z. B. § 15 GastG (Bund)[22] eine Spezialregelung für Rücknahme und Widerruf einer Gaststättenerlaubnis. Sind diese speziellen Normen anwendbar, darf nach dem Spezialitätsprinzip grds. nicht mehr auf die allgemeineren Regelungen zurückgegriffen werden, es sei denn, die Spezialgesetze sind nicht abschließend (so ist § 48 I VwVfG neben § 15 I GastG anwendbar, während § 15 II, III GastG den § 49 VwVfG vollständig verdrängen).

Dabei werden rechtswidrige Verwaltungsakte nach § 48 VwVfG im Wege der *Rücknahme* aufgehoben, rechtmäßige VAe unter einschränkenden Voraussetzungen durch *Widerruf* gem. § 49 VwVfG. Um festzustellen, welche Ermächtigungsgrundlage einschlägig ist, muss an dieser Stelle also inzident die Rechtmäßigkeit des ursprünglichen Bewilligungsbescheids überprüft werden. Denn sollte dieser rechtmäßig sein, scheidet eine Rücknahme nach § 48 VwVfG von vornherein aus.

---

[22] Nochmals: Seit dem Inkrafttreten der Föderalismusreform besteht u.a. keine Gesetzgebungskompetenz des Bundes mehr für das *Gaststättenrecht*. Die bisherigen Bundesvorschriften gelten aber so lange fort, wie sie nicht durch Landesrecht ersetzt worden sind, vgl. Art. 125a I GG. Erkundigen Sie sich daher darüber, ob es in Ihrem Bundesland ein vorrangiges Landes-GastG gibt!

a) Rechtmäßigkeit des ursprünglichen Bewilligungs bescheids

Eine eventuelle Rechtswidrigkeit des ursprünglichen Bewilligungsbescheids könnte sich allenfalls aus einem Verstoß gegen den Vorbehalt des Gesetzes ergeben. Dieser verlangt jedenfalls für belastende Verwaltungsakte im Bereich der Eingriffsverwaltung eine gesetzliche Grundlage.

Inwieweit eine solche auch bei der Vergabe von Subventionen, also im Bereich der sog. *Leistungsverwaltung* notwendig ist, ist umstritten. Nur die Anhänger der Lehre vom Totalvorbehalt erstrecken das Erfordernis einer speziellen gesetzlichen Grundlage auf die gesamte Staatstätigkeit einschließlich der Leistungsverwaltung. Nach überwiegender Ansicht[23] genügt als Legitimationsgrundlage bei Subventionen hingegen jede parlamentarische Willensäußerung, worunter auch die Mittelbereitstellung im Haushaltsplan fällt, während die Einzelheiten der Vergabe auch durch Verwaltungsvorschriften geregelt werden können. Damit soll der Verwaltung schnelles Handeln und Flexibilität bei der Vergabe von Subventionen ermöglicht werden.

Nur bei Subventionen in besonders grundrechtssensiblen Bereichen, wie z. B. der Subventionierung von Presseunternehmen, ist in Übereinstimmung mit der *Wesentlichkeitstheorie* des BVerfG eine Entscheidung des Gesetzgebers selbst erforderlich. Da vorliegend der Rat der Stadt S einen entsprechenden Titel im Gemeindehaushalt ausgewiesen und die Bezuschussung in den Subventionsrichtlinien näher konkretisiert hatte, sind die Anforderungen der h. M. erfüllt. Mangels anderweitiger Hinweise auf die Rechtswidrigkeit des ursprünglichen Bewilligungsbescheids ist dieser also rechtmäßig.

b) Zwischenergebnis

Eine Rücknahme nach § 48 VwVfG kommt nicht in Betracht. Richtige Ermächtigungsgrundlage für den Aufhebungsbescheid ist damit § 49 VwVfG.

---

[23] BVerwGE 6, 282 (287); 18, 352 (353); 90, 112 (116).

2. Formelle Rechtmäßigkeit

Die Stadt S ist für den Widerruf eines kommunalen Bewilligungsbescheids gem. § 49 V VwVfG zuständig. T wurde jedoch entgegen § 28 I VwVfG vor dem Widerruf des Bewilligungsbescheids, einem belastenden Verwaltungsakt, nicht angehört. Allerdings hat T vorliegend bereits vorab der Stadt die Gründe mitgeteilt, warum er seinen Filmbeitrag nicht rechtzeitig fertigstellen konnte. Damit hatte er sich zu den entscheidungserheblichen Tatsachen bereits geäußert.
Dem Anhörungserfordernis des § 28 I VwVfG ist damit Genüge getan.[24] Das Schreiben der Stadt enthielt auch die nach § 39 I VwVfG erforderliche Begründung des Verwaltungsaktes. Der Widerruf ist somit formell rechtmäßig erfolgt.

3. Materielle Rechtmäßigkeit

Weiterhin müsste der Widerruf materiell rechtmäßig erfolgt sein. Dies ist der Fall, wenn die Voraussetzungen des § 49 VwVfG vorlagen. Nach § 49 III S. 1 VwVfG *kann* ein rechtmäßiger Verwaltungsakt, der eine einmalige oder laufende Geldleistung oder teilbare Sachleistung zur Erfüllung eines bestimmten Zweckes gewährt, auch nachdem er unanfechtbar geworden ist, ganz oder teilweise auch mit Wirkung für die Vergangenheit widerrufen werden, wenn die Leistung nicht, nicht alsbald nach der Erbringung oder nicht mehr für den in dem Verwaltungsakt bestimmten Zweck verwendet wird (Nr. 1) oder wenn mit dem Verwaltungsakt eine Auflage verbunden ist und der Begünstigte diese nicht oder nicht innerhalb einer ihm gesetzten Frist erfüllt (Nr. 2).

a) Tatbestand des § 49 VwVfG

Es handelte sich bei dem aufgehobenen Bewilligungsbescheid zunächst um einen rechtmäßigen Verwaltungsakt

---

[24] An dieser Stelle ist auch eine andere Ansicht vertretbar. Es sollte dann aber gesehen werden, dass die fehlende Anhörung als Verfahrensfehler gem. § 45 I 1 Nr. 3 VwVfG durch die Gewährung des rechtlichen Gehörs im gerichtlichen Verfahren geheilt werden kann.

(s. o.). Dieser gewährte dem T einen verlorenen Zuschuss in Höhe von 5.000 € und somit eine einmalige Geldleistung. Diese sollte T zur Produktion seines Filmbeitrags für das Festival verwenden. Die Leistung wurde ihm somit auch „zur Erfüllung eines bestimmten Zwecks“ gewährt. Weiterhin muss ein Widerrufsgrund nach § 49 III S. 1 Nr. 1, Nr. 2 VwVfG vorliegen.

In Betracht kommt vorliegend sowohl ein Widerruf nach § 49 III S. 1 Nr. 1 als auch nach § 49 III S. 1 Nr. 2 VwVfG.

Nach § 49 III S. 1 Nr. 1 VwVfG konnte der Bewilligungsbescheid widerrufen werden, wenn die Leistung nicht, nicht alsbald nach der Erbringung oder nicht mehr für den im Verwaltungsakt bestimmten Zweck verwendet wird. Der Verwendungszweck der Leistung ergab sich hier aus den in dem Schreiben der Stadt ausdrücklich in Bezug genommenen Subventionsrichtlinien. Danach sollte der Zuschuss für die Fertigstellung eines bestimmten Kurzfilms verwendet werden. Der Zweck lag somit in einem bestimmten Erfolg – Fertigstellung sowie Abgabe des Films – der von T nicht erreicht wurde. Die Voraussetzungen eines Widerrufs nach § 49 III S. 1 Nr. 1 VwVfG liegen somit vor.

Darüber hinaus kommt der Widerrufsgrund des § 49 III S. 1 Nr. 2 VwVfG in Betracht. Fraglich ist jedoch, ob die Bezugnahme auf die Subventionsrichtlinien in dem Bewilligungsbescheid eine Auflage i.S.d. § 36 II Nr. 4 VwVfG darstellt. Aus dem Schreiben geht indes nicht eindeutig hervor, dass T den Zuschuss nur unter der „Voraussetzung“ erhält, den Film entsprechend der Subventionsrichtlinien rechtzeitig fertig zu stellen. Eine Auflage i.S.v. § 36 II Nr. 4 VwVfG liegt daher nicht vor. Der Widerrufsgrund des § 49 III S. 1 Nr. 2 VwVfG scheidet demnach aus.

Ferner wurde auch die über § 49 III S. 2 VwVfG geltende Jahresfrist des § 48 IV VwVfG gewahrt. Demnach liegen alle Tatbestandsvoraussetzungen für einen Widerruf nach § 49 III VwVfG vor.

b) Rechtsfolge

Gem. § 49 III S. 1 VwVfG „kann“ ein Verwaltungsakt widerrufen werden. Als Rechtsfolge räumt § 49 III VwVfG der zuständigen Behörde folglich *Ermessen* hinsichtlich der Aufhebung der Geldleistung ein. Die gerichtliche Überprüfung der Entscheidung der Verwaltung ist daher gem. §§ 114 VwGO, 40 VwVfG auf Ermessensfehler beschränkt. Ein solcher liegt nur bei Ermessensüberschreitung, Ermessensnichtgebrauch, bzw.- unterschreitung oder einem allgemeinen Ermessensfehlgebrauch vor. Derartige Ermessensfehler sind jedoch vorliegend nicht ersichtlich. Die Aufhebung des Bewilligungsbescheids erfolgte somit auch materiell rechtmäßig.

4. Ergebnis

Der Widerruf des Bewilligungsbescheids ist folglich rechtmäßig erfolgt. Die hiergegen gerichtete Anfechtungsklage ist nicht begründet.

II. Rechtmäßigkeit des Rückforderungsbescheids

Auch der Rückforderungsbescheid bedarf einer geeigneten Ermächtigungsgrundlage, von der ordnungsgemäß Gebrauch gemacht worden sein müsste.

1. Ermächtigungsgrundlage

Als Ermächtigungsgrundlage kommt § 49a I VwVfG in Betracht. Danach sind im Falle eines Widerrufs mit Wirkung für die Vergangenheit erbrachte Leistungen zurückzugewähren. Das Erstattungsbegehren ist gem. § 49a I S. 2 VwVfG durch Verwaltungsakt geltend zu machen.

2. Formelle Rechtmäßigkeit

Die Behörde, welche die Subvention bewilligt hat, ist auch für deren Rückforderung zuständig. Die nach § 49a I S. 2 VwVfG erforderliche schriftliche Festsetzung der zu erstattenden Leistung ist erfolgt. Sonstige Verfahrensfehler sind nicht ersichtlich.

3. Materielle Rechtmäßigkeit

Die Tatbestandsvoraussetzungen des Erstattungsanspruchs gem. § 49a I VwVfG, nämlich ein wirksamer Widerruf mit Wirkung für die Vergangenheit, liegen vor. Bei der Geltendmachung des Erstattungsanspruchs ist der Verwaltung kein Ermessen eingeräumt, sondern es handelt sich um eine gebundene Entscheidung. Fraglich ist daher allein der Umfang der Erstattung, der sich gem. § 49a II VwVfG grds. nach den §§ 818 ff. BGB richtet.

T beruft sich vorliegend darauf, dass die Fördermittel bereits restlos verbraucht seien und damit auf einen Wegfall der Bereicherung. Allerdings kann sich gem. § 49a II S. 2 VwVfG – der § 819 BGB modifiziert – der Begünstigte auf den Wegfall der Bereichung nicht berufen, soweit er die Umstände, die zum Widerruf des Verwaltungsaktes geführt haben, kannte oder infolge grober Fahrlässigkeit nicht kannte. T wusste vorliegend, dass er die Gelder für die Fertigstellung des Kurzfilms hätte verwenden müssen und hat damit vorsätzlich den ihm gesetzten Zweck nicht erfüllt. Er kann sich daher nicht auf den Wegfall der Bereicherung berufen. Der Erstattungsanspruch besteht vielmehr in voller Höhe.

4. Ergebnis

Auch der Rückforderungsbescheid ist rechtmäßig. Eine gegen diesen gerichtete Klage ist demnach unbegründet.

D. Endergebnis

Beide Anfechtungsklagen des T sind zwar zulässig, aber unbegründet und haben daher keine Aussicht auf Erfolg.

Fall 12: Kühe oder Schweine

▸ **Standort:** Rücknahme rechtswidriger Verwaltungsakte

A und K sind Landwirte. Sie bewarben sich Anfang 2021 um eine Landwirtschaftsförderung bei der zuständigen Landesbehörde. Mit Schreiben vom 07.02.2021 bewilligte die zuständige Behörde aufgrund der etatmäßigen Bereitstellung der erforderlichen Mittel und der einschlägigen Richtlinien des Landwirtschaftsministeriums des Landes N dem A einen Zuschuss in Höhe von 2.400 € und veranlasste die Auszahlung. Als Grund der Förderung wird – in Übereinstimmung mit den Vergaberichtlinien – ausdrücklich die überwiegende Milchproduktion im Landwirtschaftsbetrieb des A genannt. Tatsächlich widmet sich A jedoch gar nicht überwiegend der Milchproduktion, sondern hatte bereits 2020 fast alle Kühe verkauft, um sich der lukrativeren Schweinezucht zuzuwenden. In dem von ihm auszufüllenden Antragsformular hatte der etwas schusselige A es mit den Angaben aber nicht so genau genommen.

Als sein erfolgloser Mitbewerber K indes von der Förderung des A erfährt, ist er empört. Er informiert daher im Mai 2021 die Behörde über die seiner Meinung nach rechtswidrige Subventionierung des A. Der behördenintern nicht zuständige Beamte B, der den Brief des K auf den Tisch bekommt, reicht diesen jedoch erst Ende September 2021 an den zuständigen Sachbearbeiter S weiter. Dieser kommt nach einer sorgfältigen Prüfung der Sach- und Rechtslage zu dem Ergebnis, dass die Subvention zurückzufordern ist. Im März 2022 schrieb S an A, dass die Zuwendungsbewilligung vom 07.02.2021 aufgehoben werden und A den erhaltenen Zuschuss zurückzahlen müsse. Zur Begründung wird angeführt, dass A falsche Angaben über seinen Betrieb gemacht habe und damit die Voraussetzungen einer Förderung gar nicht vorlagen. Die Behörde sei daher gezwungen, die Subvention zurückzunehmen.

A ist indes von der Rückforderung völlig überrascht und hat bereits das gesamte Geld in den Ausbau seiner Schweinezucht investiert.
Nach erfolgloser Durchführung eines Widerspruchsverfahrens erhebt A daher form- und fristgerecht Klage beim zuständigen Verwaltungsgericht gegen die Aufhebung der Zuschussbewilligung und Rückforderung der Zuwendung.

Hat die Klage des A Aussicht auf Erfolg?

A. Zulässigkeit
I. Eröffnung des Verwaltungsrechtsweges
II. Statthafte Klageart
III. Klagebefugnis (§ 42 II VwGO)
IV. Vorverfahren (§ 68 VwGO)
V. Klagefrist (§ 74 VwGO)
VI. Klagegegner (§ 78 VwGO)
VII. Ergebnis der Zulässigkeitsprüfung
B. Objektive Klagehäufung gem. § 44 VwGO
C. Begründetheit
I. Rechtmäßigkeit des Rücknahmebescheids
1. Ermächtigungsgrundlage
a) Rechtmäßigkeit des ursprünglichen Bewilligungsbescheids
aa) Ermächtigungsgrundlage
bb) Formelle Rechtmäßigkeit
cc) Materielle Rechtmäßigkeit
b) Zwischenergebnis
2. Formelle Rechtmäßigkeit
3. Materielle Rechtmäßigkeit
a) Rücknahmevoraussetzungen des § 48 I S. 1 VwVfG
b) Vertrauensschutz
c) Rücknahmefrist § 48 IV VwVfG
d) Rechtsfolge
4. Ergebnis
II. Rechtsverletzung des A
III. Rechtmäßigkeit des Rückforderungsbescheids
D. Endergebnis

Die Klage hat Aussicht auf Erfolg, wenn sie zulässig und begründet ist.

A. Zulässigkeit

I. Eröffnung des Verwaltungsrechtsweges

Mangels auf- oder abdrängender Sonderzuweisung ist der Verwaltungsrechtsweg eröffnet, wenn es sich um eine öffentlich-rechtliche Streitigkeit nichtverfassungsrechtlicher Art handelt. Die Aufhebung der Subvention gehört dann dem öffentlichen Recht an, wenn auch die Bewilligung dem öffentlichen Recht angehörte (sog. *actus contrarius* oder auch Kehrseitentheorie).

Die Bewilligung erfolgte in Form eines verlorenen Zuschusses, bei welchem die Höhe der Subvention durch Verwaltungsakt festgesetzt und ausgezahlt wird. Die Gewährung der Subvention ist daher öffentlich-rechtlich zu beurteilen. Die Aufhebung als Kehrseite der Bewilligung teilt diese öffentlich-rechtliche Natur. Und auch die Rückzahlungsaufforderung lässt sich als Kehrseite der im Rahmen des öffentlich-rechtlichen Subventionsverhältnisses erfolgten Auszahlung als öffentlich-rechtlich qualifizieren. Die Streitigkeit ist zudem auch nichtverfassungsrechtlicher Art. Der Verwaltungsrechtsweg ist daher über die Generalklausel des § 40 I S. 1 VwGO eröffnet.

II. Statthafte Klageart

Die statthafte Klageart richtet sich nach dem Begehren des Klägers (§ 88 VwGO). A wendet sich vorliegend gegen den Rücknahmebescheid der Landesbehörde und die Rückforderung des ausgezahlten Betrags. Sowohl bei der Rücknahme als auch bei der Rückforderung könnte insoweit die Anfechtungsklage gem. § 42 I, 1. Alt. VwGO die statthafte Klageart sein, vorausgesetzt, es handelt sich um Verwaltungsakte i.S.d. § 35 S. 1 VwVfG. Da die Bewilligung selbst alle Merkmale eines VAs aufwies – also eine Regelung eines Einzelfalls auf dem Gebiet des öffentlichen Rechts traf – gilt dies wiederum nach Maßgabe der Kehrseitentheorie auch für deren Aufhebung.

Mit der Kassation des Rücknahmebescheids würde die ursprüngliche Bewilligung, die für A den Rechtsgrund für das Behaltendürfen der ausgezahlten Subvention darstellt, wieder aufleben und damit dem Klagebegehren des A entsprochen. Damit ist für den Rücknahmebescheid die Anfechtungsklage die statthafte Klageart.

Einer Verpflichtungsklage des A, gerichtet auf den Erlass eines Bewilligungsbescheids, würde insbesondere das Rechtsschutzbedürfnis fehlen, da A sein Rechtsschutzziel bei einer erfolgreichen Anfechtungsklage automatisch erreichen würde. Bei einer Verpflichtungsklage hingegen müsste die Behörde zunächst einen weiteren Bescheid erlassen.[25] Auch die Rückforderung stellt einen belastenden VA dar (vgl. § 49a I S. 2 VwVfG). Folglich ist auch dagegen die Anfechtungsklage statthaft.

III. Klagebefugnis (§ 42 II VwGO)

A müsste gem. § 42 II VwGO die mögliche Verletzung eigener Rechte geltend machen können. Als Adressat belastender Verwaltungsakte kann A zumindest nach Maßgabe des Adressatengedankens möglicherweise in Art. 2 I GG verletzt sein. A ist mithin gem. § 42 II VwGO klagebefugt.

IV. Vorverfahren (§ 68 VwGO)

Das gem. § 68 VwGO grds. erforderliche Vorverfahren wurde laut Sachverhalt ordnungsgemäß durchgeführt.

V. Klagefrist (§ 74 VwGO)

Auch die Klagefrist des § 74 I VwGO wurde eingehalten.

VI. Klagegegner (§ 78 VwGO)

Klagegegner ist nach dem in § 78 I Nr. 1 VwGO normierten Rechtsträgerprinzip das Land N.

---

[25] Die Anfechtungsklage ist eine Gestaltungsklage, bei deren Erfolg die Rechtslage unmittelbar geändert wird!

VII. Ergebnis der Zulässigkeitsprüfung

Die Klagen des A vor dem VG sind zulässig.

B. Objektive Klagehäufung § 44 VwGO

Es handelt sich grds. um zwei eigenständige Anfechtungsklagen. Diese richten sich gegen denselben Klagegegner und stehen zudem in einem inneren Zusammenhang. Sie können damit im Wege der objektiven Klagehäufung gem. § 44 VwGO verbunden werden.

C. Begründetheit

Die beiden Anfechtungsklagen sind begründet, soweit der jeweils angefochtene Verwaltungsakt rechtswidrig ist und den A in seinen Rechten verletzt (§ 113 I S. 1 VwGO). Die beiden Bescheide sind insoweit getrennt zu untersuchen.

I. Rechtmäßigkeit des Rücknahmebescheids

Der Rücknahmebescheid ist rechtswidrig, wenn er sich nicht auf eine taugliche Ermächtigungsgrundlage stützen lässt oder formell oder materiell rechtswidrig ist.

1. Ermächtigungsgrundlage

Da die Rücknahme einen Eingriff in die Rechte des A darstellt, ist nach dem Grundsatz vom Vorbehalt des Gesetzes zunächst eine taugliche Ermächtigungsgrundlage erforderlich. Mangels spezialgesetzlicher Grundlagen kommen für die Aufhebung der Subventionsbewilligung vorliegend die §§ 48, 49 VwVfG in Betracht. § 48 VwVfG regelt die *Rücknahme* rechtswidriger Verwaltungsakte, während rechtmäßige Verwaltungsakte nach § 49 VwVfG im Wege des *Widerrufs* aufgehoben werden. § 48 VwVfG ist also nur einschlägig, wenn der aufzuhebende VA (der Bewilligungsbescheid) rechtswidrig ist.

Merke: An dieser Stelle ist also nunmehr eine Prüfung in der Prüfung vorzunehmen! Inzident wird im Rahmen der Prüfung der Rechtmäßigkeit des Aufhebungsbescheids die Rechtmäßigkeit des ursprünglichen Bewilligungsbescheids untersucht, um die einschlägige Rechtsgrundlage (§ 48 oder § 49 VwVfG) zu finden.

a) Rechtmäßigkeit des ursprünglichen Bewilligungsbescheids

Die Rechtmäßigkeit des ergangenen Bewilligungsbescheids setzt wiederum voraus, dass dieser sich auf eine geeignete Ermächtigungsgrundlage stützen kann sowie formell und materiell rechtmäßig ergangen ist.

aa) Ermächtigungsgrundlage

Eine ausdrückliche gesetzliche Ermächtigung für die Subventionsvergabe bestand nicht. Die Mittel für die Subvention waren jedoch im Landeshaushaltsplan bereitgestellt. Fraglich ist, ob damit dem *Vorbehalt des Gesetzes* genügt wurde.

Dabei ist zu beachten, dass es sich bei der Subventionsvergabe um einen Bereich der Leistungsverwaltung handelt, durch den der Bürger begünstigt wird. Nach überwiegender Ansicht gilt der Gesetzesvorbehalt in diesem Bereich nicht uneingeschränkt wie im Bereich der Eingriffsverwaltung. Lediglich in besonders grundrechtssensiblen Bereichen ist eine gesetzliche Grundlage erforderlich, ansonsten soll eine bloß haushaltsrechtliche Mittelbereitstellung im Haushaltsplan ausreichen. Nur nach der *Lehre vom Totalvorbehalt* gilt der Gesetzesvorbehalt uneingeschränkt auch im Bereich der Leistungsverwaltung.

Gerade bei Subventionen sprechen gegen diese Ansicht jedoch gewichtige Argumente. So bedeutet ein Totalvorbehalt nicht unbedingt eine Besserstellung des Bürgers, weil der Gesetzgeber häufig nicht in der Lage sein wird, zeitnah gesetzliche Regelungen zu erlassen. Der Verwaltung würde damit ein Instrument genommen insbesondere in überraschend auftretenden Notfällen flexibel zu reagieren. Der Lehre vom Totalvorbehalt ist daher nicht zu folgen. Das Fehlen einer gesetzlichen Regelung macht den Bewilligungsbescheid somit nicht rechtswidrig.

bb) Formelle Rechtmäßigkeit

Die Behörde war laut Sachverhalt zuständig. Verfahrens- oder Formfehler sind nicht ersichtlich. Die Subventionsvergabe erfolgte somit formell rechtmäßig.

cc) Materielle Rechtmäßigkeit

Der Bewilligungsbescheid könnte vorliegend aufgrund eines Verstoßes gegen die Vergaberichtlinien rechtswidrig sein. Nach diesen sollten mit den Subventionen nur Betriebe gefördert werden, die überwiegend Milchproduktion betreiben. Dies ist in dem Betrieb des A jedoch nicht der Fall. Die Subvention war somit unter Verstoß gegen die Richtlinien bewilligt worden.

Fraglich ist jedoch, ob der Bewilligungsbescheid allein aufgrund des Verstoßes gegen die Vergaberichtlinien rechtswidrig ist. Bei den Richtlinien handelt es sich nämlich um rein *behördenintern* wirkende und damit nur für die Behördenmitarbeiter verbindliche Verwaltungsvorschriften, die – anders als Rechtsnormen – nicht für die Bürger nach außen verbindlich sind. Ein Verstoß allein gegen die Verwaltungsvorschriften macht für sich genommen die Subventionsvergabe somit noch nicht rechtswidrig.

Die Vergaberichtlinien erlangen jedoch bei ihrer Anwendung in konkreten Fällen über den dabei zu wahrenden Gleichheitsgrundsatz (Art. 3 I GG) und den Grundsatz des Vertrauensschutzes als Ausfluss des Rechtstaatsprinzips eine mittelbare Außenwirkung (*Selbstbindung der Verwaltung).* Daher kann sich die Rechtswidrigkeit des Bewilligungsbescheids zwar nicht allein aus dem Verstoß gegen die Vergaberichtlinien ergeben, wohl aber aus einem Abweichen von der sonstigen Vergabepraxis wegen einer Verletzung von Art. 3 I GG, es sei denn, die Änderung der Vergabepraxis beruht auf sachgerechten Gründen. Dabei kann sich Art. 3 I GG auch zu Lasten eines potentiell Begünstigten auswirken.

Vorliegend ist die Subvention unter Verstoß gegen die in den Vergaberichtlinien determinierte Verwaltungspraxis zustande gekommen. Darin liegt eine Verletzung des Grundsatzes der *Selbstbindung der Verwaltung*. Darauf, dass A durch diese Verletzung nicht belastet, sondern sogar begünstigt wird, kommt es dabei nicht an, denn der aus Art. 3 I GG resultierende Grundsatz der Selbstbindung der Verwaltung ist ein Rechtssatz des objektiven Rechts, der für Begünstigungen und Belastungen gleichermaßen gilt. Die Subventionsvergabe erfolgte daher materiell rechtswidrig.[26]

b) Zwischenergebnis

Der ursprüngliche Bewilligungsbescheid war rechtswidrig. Als Ermächtigungsgrundlage für die Aufhebung der Bewilligung kommt somit § 48 VwVfG in Betracht. Zu prüfen sind im Folgenden daher die formellen und materiellen Voraussetzungen des § 48 VwVfG.

2. Formelle Rechtmäßigkeit

Die Rücknahme erfolgte durch die gem. § 48 V VwVfG zuständige Behörde. Jedoch hat vor der Rücknahmeentscheidung keine nach § 28 VwVfG erforderliche Anhörung des A stattgefunden. Dieser wurde vielmehr von der Aufhebung des Bewilligungsbescheids völlig überrascht. Eine Ausnahme vom Anhörungserfordernis gem. § 28 II VwVfG lag nicht vor. Der Aufhebungsbescheid leidet somit an einem Verfahrensfehler.

Die unterbliebene Anhörung kann jedoch gem. § 45 I Nr. 3, II VwVfG bis zum Abschluss der letzten Tatsacheninstanz des verwaltungsgerichtlichen Verfahrens nachgeholt werden, sofern man nicht mit der Rechtsprechung ohnehin

---

[26] Bei entsprechenden Hinweisen im Sachverhalt sind im Rahmen der materiellen Rechtmäßigkeit nicht nur Verstöße gegen das nationale Recht, sondern auch gegen das Unionsrecht zu prüfen. Zu den Einwirkungen des Unionsrechts auf das deutsche Verwaltungsrecht siehe: *Thiele*, Europarecht, S. 149 ff. sowie das Fallbeispiel bei *Thiele*, Standardfälle Europarecht, Fall 8. Die Modifikationen, welche das Europarecht insbesondere bei den §§ 48, 49 VwVfG bewirkt, müssen auch dem Pflichtfachkandidaten bekannt sein!

davon ausgeht, dass die Nachholung der Anhörung bereits in dem durchgeführten Widerspruchsverfahren liegt.

3. Materielle Rechtmäßigkeit

Der Aufhebungsbescheid ist materiell rechtmäßig, wenn die Voraussetzungen des § 48 VwVfG vorlagen.

a) Rücknahmevoraussetzungen § 48 I S. 1 VwVfG

Nach § 48 I S. 1 VwVfG müsste zunächst ein rechtswidriger VA vorliegen. Diese Voraussetzung ist hier gegeben (s.o.). Da es sich beim Bewilligungsbescheid zudem um einen VA handelte, der für A ein Recht (auf Auszahlung der Subvention) begründet hat, sind gem. § 48 I S. 2 VwVfG zusätzlich die Voraussetzungen der Absätze 2-4 zu beachten.

Merke: § 48 I S. 2 VwVfG enthält eine Legaldefinition des begünstigenden Verwaltungsaktes.

b) Vertrauensschutz

Innerhalb dieser Voraussetzungen ist weiterhin danach zu differenzieren, ob der Ausgangs-VA eine einmalige oder laufende Geldleistung oder teilbare Sachleistung gewährt (dann gelten die Abs. 2 und 4) oder eine sonstige Begünstigung enthält (dann ergeben sich Einschränkungen der Rücknehmbarkeit allein aus Abs. 4; denn Abs. 3 stellt keine zusätzlichen Begrenzungen für die Rücknehmbarkeit auf, sondern begründet für den Betroffenen einen öffentlich-rechtlichen Ausgleichsanspruch).

Vorliegend gewährt der Bewilligungsbescheid eine einmalige Geldleistung, so dass die Voraussetzungen des § 48 Abs. 2 und 4 VwVfG zu beachten sind. Danach ist eine Rücknahme ausgeschlossen, soweit der Begünstigte – hier der A – auf den Bestand des rechtswidrigen VA vertraut hat und dieses Vertrauen unter Abwägung mit dem öffentlichen Interesse an der Rücknahme auch als schutzwürdig anzusehen ist. Das Interesse an der Gesetzmäßigkeit der Verwaltung (Art. 20 III GG) und damit an der Rücknahme des

VA muss mit dem Interesse des Begünstigten am Fortbestand des VA zum Ausgleich gebracht werden.

A hat vorliegend das gesamte Geld in den Ausbau seines Betriebes investiert. Von einem subjektiven Vertrauenstatbestand seitens des A ist daher auszugehen. Fraglich ist indes, ob dieses Vertrauen auch schutzwürdig ist. Die Schutzwürdigkeit ist dabei grds. in einer Abwägung mit dem öffentlichen Interesse an der Rücknahme festzustellen. In den Fällen des § 48 II S. 3 Nr. 1-3 VwVfG ist hingegen die Schutzwürdigkeit von vornherein ausgeschlossen.

Fraglich ist daher, ob einer der Ausschlusstatbestände des § 48 II S. 3 VwVfG vorliegt. In Betracht kommt zunächst, dass A dadurch, dass er es mit den Angaben bei seinem Subventionsantrag „nicht so genau genommen hat", die Bewilligung durch eine arglistige Täuschung gem. § 48 II S. 3 Nr. 1 VwVfG erwirkt hat.

Arglist liegt jedoch nur dann vor, wenn vorsätzlich irreführend auf den Erklärungswillen der Behörde eingewirkt werden soll. Ein solch zweck- und zielgerichtetes Handeln kann bei A indes nicht angenommen werden. Der Ausschlusstatbestand der Nr. 1 greift daher nicht ein.

A könnte die Bewilligung aber durch Angaben erwirkt haben, die in wesentlicher Beziehung unrichtig oder unvollständig waren (§ 48 II S. 3 Nr. 2 VwVfG). Die Subventionsvergabe beruhte vorliegend auf den objektiv unrichtigen Angaben des A. Anders als bei § 48 II S. 3 Nr. 1 VwVfG kommt es nicht darauf an, dass dem A die Unrichtigkeit der Abgaben bewusst war. Entscheidend ist nur, dass der Betroffene objektiv falsche Angaben macht und diese für die Rechtswidrigkeit des VA kausal geworden sind; ob ihn insoweit ein Verschulden trifft, er also die Unrichtigkeit seiner Angaben kannte oder kennen musste, ist unerheblich.
Ein Vertrauensschutz des A ist somit nach § 48 II S. 3 Nr. 2 VwVfG ausgeschlossen. Ob bei A zusätzlich eine grob fahrlässige Unkenntnis bzgl. der Rechtswidrigkeit der Subventionsvergabe vorlag (§ 48 II S. 3 Nr. 3 VwVfG), kann

daher offenbleiben. Das Vertrauen des A ist damit im Ergebnis nicht schutzwürdig. Die Rücknahme ist nicht nach § 48 II VwVfG ausgeschlossen.

c) Rücknahmefrist § 48 IV VwVfG

Fraglich ist jedoch, ob § 48 IV VwVfG einer Rücknahme entgegensteht. Danach muss die Rücknahme innerhalb eines Jahres erfolgen, nachdem die Behörde von Tatsachen Kenntnis erlangt, welche die Rücknahme rechtfertigen. Der Landwirt K hatte die Behörde bereits im Mai benachrichtigt, sein Brief wurde jedoch erst Ende September 2021 an den zuständigen Sachbearbeiter weitergereicht.

Fraglich ist daher zunächst, wessen Kenntnis für den Fristbeginn maßgeblich ist. Nach h. M. ist die Kenntnis der für die Rücknahme zuständigen Stelle, also derjenigen Personen erforderlich, die in der konkreten Angelegenheit die Sachzuständigkeit besitzen; die Kenntnis irgendeines Beamten der Behörde genügt hingegen nicht.[27]

Für den Fristbeginn ist danach auf die Kenntnis des zuständigen Sachbearbeiters S abzustellen. Fraglich ist jedoch ferner, ob die Frist bereits Ende September 2021 beginnt, als S zum ersten Mal von den Tatsachen erfährt oder erst im März 2022 als S alle notwendigen Informationen ermittelt hatte, um über die Rücknahme entscheiden zu können, ob es sich also um eine Bearbeitungs- oder eine Entscheidungsfrist handelt. Insbesondere nach Ansicht der Rechtsprechung darf die Behörde jedoch nicht im Hinblick auf einen Fristablauf zur Entscheidung über die Rücknahme vor Eintritt der Entscheidungsreife gezwungen werden.[28]

Die Frist begann demnach erst im März 2022 als S alle für die Entscheidung relevanten Informationen ermittelt hatte. Die im März ausgesprochene Rücknahme ist damit nicht nach § 48 IV VwVfG verfristet.

---

[27] BVerwGE 110, 226.
[28] BVerwGE 70, 356 (364).

d) Rechtsfolge

§ 48 I S. 1 VwVfG stellt die Rücknahme in das *Ermessen* der Behörde („kann zurückgenommen werden"). Trotz des fehlenden schutzwürdigen Vertrauens, kann die Behörde immer noch von der Rücknahme eines VA absehen, wenngleich der nun vordringende Grundsatz der *Gesetzmäßigkeit der Verwaltung* dafür wenig Raum lässt (vgl. auch § 48 III S. 4 VwVfG).

Auch wenn vorliegend alle Tatbestandsvoraussetzungen des § 48 VwVfG erfüllt sind, ist daher zu fragen, ob die Behörde von ihrem Ermessen fehlerfrei Gebrauch gemacht hat. Es könnte hier ein Ermessensfehler durch Ermessensnichtgebrauch vorliegen. Denn die Behörde hat sich keine Gedanken darüber gemacht, ob sie die Subvention zurückfordern soll, sondern sah sich durch die Vergaberichtlinien zur Rückforderung verpflichtet. Verwaltungsvorschriften können zwar die Ausübung des Ermessens in eine bestimmte Richtung lenken, sie können aber die Ermessensausübung nicht vollständig ersetzen. Ansonsten wäre die gesetzliche Einräumung eines Ermessens ja bereits überflüssig.

Auch der Grundsatz der Selbstbindung der Verwaltung entbindet die Behörde nicht davon, Erwägungen darüber anzustellen, ob im konkreten Fall ein sachlicher Grund dafür besteht, von der Selbstbindung abzuweichen. Der Aufhebungsbescheid leidet somit unter einem Ermessenfehler in Gestalt des Ermessensnichtgebrauchs und ist daher materiell rechtswidrig.

4. Ergebnis

Zwar liegen die Rücknahmevoraussetzungen vor, doch hat die Behörde bei ihrer Entscheidung nicht von dem ihr zustehenden Ermessen Gebrauch gemacht. Die Rücknahme der Subventionsbewilligung ist damit rechtswidrig.

II. Rechtsverletzung des A

Mit dem rechtswidrigen Aufhebungsbescheid geht eine Rechtsverletzung des A einher. Die Klage gegen den Aufhebungsbescheid ist demnach gem. § 113 I S. 1 VwGO begründet.

III. Rechtmäßigkeit des Rückforderungsbescheids

Der Rückforderungsbescheid ist rechtswidrig, wenn er sich nicht auf eine taugliche Ermächtigungsgrundlage stützen kann oder formell oder materiell rechtswidrig ist.

Als Rechtsgrundlage kommt hier § 49a VwVfG in Betracht. Als Ausprägung des allgemeinen öffentlich-rechtlichen Erstattungsanspruchs setzt dieser indes die Rechtsgrundlosigkeit der zu erstattenden Leistung voraus. Erforderlich ist mithin ein wirksamer Widerruf bzw. eine wirksame Rücknahme eines VA mit Wirkung für die Vergangenheit. Denn solange ein wirksamer VA besteht, rechtfertigt dieser die Vermögensverschiebung und der Rückerstattungsanspruch aus § 49a VwVfG greift nicht. Auch der Rückforderungsbescheid ist folglich rechtswidrig und verletzt A in seinen Rechten.

D. Endergebnis

Sowohl Aufhebungs- als auch Rückforderungsbescheid sind rechtswidrig und verletzen A in seinen Rechten (§ 113 I S. 1 VwGO). Beide Anfechtungsklagen sind daher zulässig und begründet und haben somit Aussicht auf Erfolg.

Fall 13: Sauna Club „Chantal“

▸ **Standort:** Vorläufiger Rechtsschutz , § 80 V VwGO

Kalle (K) betreibt in einem Mischgebiet im Land L den Sauna-Club „Chantal“. Der Club befindet sich relativ unauffällig an der Hauptverkehrsstraße der Siedlung. Da die Geschäfte in letzter Zeit nicht so gut laufen, überlegt sich K, ein wenig mehr Werbung zu machen und lässt ein großes Werbeplakat herstellen, auf welchem sich das „beste Pferd im Stall“ Samantha in aufreizender Pose, bekleidet mit Reizwäsche und High-Heels auf einem Bärenfell räkelt. Dieses auf einer Stütze stehende Plakat stellt K direkt an der Grenze zur Straße auf. Der Umsatz verbessert sich daraufhin rapide.

In der Gegend befinden sich auch andere (genehmigte) Werbeplakate mit jedoch weniger aufreizenden Motiven. Die zuständige Beamtin bei der Bauaufsichtsbehörde Züchtig (Z), gleichzeitig Vorsitzende des örtlichen Kirchenchors, ist entsetzt über den „Verfall der guten Sitten“ und erlässt nachfolgende *Ordnungsverfügung:*

1. Es wird Ihnen aufgegeben, das Werbeplakat innerhalb von 14 Tagen nach Zustellung dieses Schreibens zu beseitigen.
2. Für den Fall der Nichtbeseitigung innerhalb der gesetzten Frist drohe ich Ihnen ein Ordnungsgeld von 500 € an.
3. Die sofortige Vollziehung der Anordnung zu 1. wird angeordnet.

Begründet wird die Beseitigungsanordnung damit, dass durch das Plakat das Sittlichkeitsgefühl der Betrachter gestört werde und die Gefahr von Verkehrsunfällen durch abgelenkte männliche Autofahrer enorm zunehme. Die Anordnung der sofortigen Vollziehung wird damit begründet, dass das öffentliche Interesse an der sofortigen Vollziehung das private Interesse des K wegen des nicht hinnehmbaren Sittenverstoßes deutlich überwiege.

Auf der Straße ist bislang noch kein erhöhtes Unfallaufkommen festzustellen, jedoch hat sich der Ehemann der Z, abgelenkt von dem Plakat, seinen Kamillentee übers Jackett geschüttet.

Gegen den Bescheid legt K noch am selben Tag Widerspruch ein und wendet sich auch an das Verwaltungsgericht mit dem Antrag, „wegen der Eile schnellen Rechtsschutz gegen die Verfügung zu erhalten und die Behörde zu verpflichten, die Verfügung zurück zu nehmen". Hat der Antrag des K beim VG Aussicht auf Erfolg?

A. Zulässigkeit
I. Eröffnung des Verwaltungsrechtsweges
II. Statthafte Antragsart
III. Antragsbefugnis (§ 42 II VwGO analog)
IV. Antragsgegner (§ 78 VwGO analog)
V. Allgemeines Rechtsschutzbedürfnis
VI. Ergebnis
B. Begründetheit
I. Formelle Rechtmäßigkeit der VzA
II. Rechtmäßigkeit der Beseitigungsverfügung
1. Ermächtigungsgrundlage
2. Formelle Rechtmäßigkeit
3. Materielle Rechtmäßigkeit
a) Formelle Illegalität
b) Materielle Illegalität
4. Zwischenergebnis
C. Ergebnis

Der Antrag hat Aussicht auf Erfolg, wenn ein verwaltungsgerichtlicher Eilrechtsbehelf des K zulässig und begründet ist.

A. Zulässigkeit

I. Eröffnung des Verwaltungsrechtsweges

Für Eilverfahren vor dem Verwaltungsgericht ist der Verwaltungsrechtsweg eröffnet, wenn auch im Hauptverfahren der Verwaltungsrechtsweg gegeben ist. Streitgegenstand ist vorliegend die an K ergangene Beseitigungsanordnung.

Die streitentscheidenden Normen liegen daher im Bereich des öffentlichen Baurechts. Es handelt sich folglich um eine öffentlich-rechtliche Streitigkeit. Diese ist nichtverfassungsrechtlicher Art; eine gesetzliche Sonderzuweisung ist ebenfalls nicht einschlägig. Da somit im Hauptsacheverfahren der Verwaltungsrechtsweg über die Generalklausel des § 40 I S. 1 VwGO eröffnet wäre, gilt entsprechendes auch für den einschlägigen Eilrechtsbehelf.

II. Statthafte Antragsart

Die statthafte Antragsart richtet sich nach dem Begehren des Antragstellers (§§ 122, 88 VwGO). K möchte sich vorliegend gegen die an ihn ergangene Ordnungsverfügung wehren und zwar möglichst schnell. Die VwGO stellt für die Gewährung vorläufigen Rechtsschutzes ein zweispuriges System zur Verfügung. Zum einen nach den §§ 80, 80a VwGO und zum anderen über die einstweilige Anordnung nach § 123 VwGO. Es gilt also zunächst, das Verfahren nach den §§ 80, 80a VwGO gegenüber einem Antrag auf einstweilige Anordnung nach § 123 VwGO abzugrenzen.

Gemäß § 123 V VwGO ist die einstweilige Anordnung *subsidiär*, also nur dann statthaft, wenn keiner der Fälle der §§ 80, 80a VwGO vorliegt.

Ein Antrag nach § 80 V VwGO ist grds. dann die statthafte Antragsart, wenn sich der Antragsteller gegen die Vollziehung eines belastenden VAs wendet, wenn also in der Hauptsache die *Anfechtungsklage* die statthafte Klageart wäre. In allen übrigen Fällen, also bei Verpflichtungs-, Leistungs- und Feststellungsklagen in der Hauptsache, ist ein Antrag auf Erlass einer einstweiligen Anordnung die statthafte Antragsart.

Vorliegend begehrt K zwar, die Behörde zur Rücknahme der Ordnungsverfügung zu verpflichten, bei Auslegung der Gesamtumstände geht es dem K aber nicht um den Erlass eines Rücknahme-VAs, sondern um die Aufhebung bzw. Suspendierung der Beseitigungsverfügung. In der Hauptsache wäre damit die Anfechtungsklage der statthafte Rechtsbehelf. Vorläufiger Rechtsschutz wird demnach über § 80 V VwGO gewährt.

Fraglich ist nun, welches konkrete Rechtsschutzziel K im Rahmen des vorläufigen Rechtsschutzes verfolgt. Nach § 80 V VwGO kann der Antragsteller entweder i.V.m. § 80 II Nr. 1–3 VwGO die Anordnung der aufschiebenden Wirkung oder i. V .m. § 80 II Nr. 4 VwGO die Wiederherstellung der aufschiebenden Wirkung des Widerspruchs (bzw. der Anfechtungsklage) begehren.

Grundsätzlich haben Widerspruch und Anfechtungsklage gemäß § 80 I VwGO aufschiebende Wirkung. Jedoch gibt es hierzu Ausnahmen, welche in § 80 II VwGO normiert sind. In den Fällen des § 80 II Nr. 1-3 VwGO entfalten Widerspruch und Anfechtungsklage von vornherein keine aufschiebende Wirkung. Ein derartiger Fall liegt hier jedoch nicht vor, sondern die Behörde hat entsprechend § 80 II Nr. 4 VwGO die sofortige Vollziehung der Verfügung angeordnet. Das bedeutet, dass der Widerspruch des K gegen die Bauordnungsverfügung grds. nach § 80 I VwGO aufschiebende Wirkung hätte, jedoch durch die Anordnung der sofortigen Vollziehung (VzA) diese aufschiebende Wirkung (im Voraus) beseitigt wurde. Mithin handelt es sich bei dem Begehren des K um einen Antrag nach § 80 V i.V.m. § 80 II Nr. 4 VwGO auf *Wiederherstellung der aufschiebenden Wirkung* des eingelegten Widerspruchs.

III. Antragsbefugnis (§ 42 II VwGO analog)

Da § 80 V VwGO der Sicherung der im Hauptsacheverfahren durch Anfechtungsklage durchzusetzenden Rechte dient, gilt § 42 II VwGO analog auch für den Antrag nach § 80 V VwGO. K müsste somit geltend machen können, durch den VA möglicherweise in seinen Rechten verletzt zu sein. Da K hier Adressat eines belastenden VAs ist, ist er bereits nach Maßgabe des Adressatengedankens als antragsbefugt anzusehen.

IV. Antragsgegner (§ 78 VwGO analog)

Der Antragsgegner ergibt sich aus einer analogen Anwendung des § 78 I VwGO (ggf. i. V. m. LandesVwGO).

V. Allgemeines Rechtsschutzbedürfnis

Hinweis: Grds. gilt für die Fallbearbeitung, dass auf das Rechtsschutzbedürfnis nur dann einzugehen ist, wenn hierzu im konkreten Fall Anlass besteht. Etwas anderes gilt jedoch im Bereich des vorläufigen Rechtsschutzes. Hier sollten stets die folgenden Erwägungen zum Rechtsschutzbedürfnis angestellt werden.

K müsste ein Rechtsschutzbedürfnis für den Antrag nach § 80 V VwGO haben. Dies ist grundsätzlich nur der Fall, wenn der Antragsteller zuvor einen Widerspruch (oder eine Anfechtungsklage, sofern ein Widerspruch nicht statthaft ist) eingelegt hat, dieser keine aufschiebende Wirkung entfaltet und nicht offensichtlich unzulässig ist.

K hat hier laut Sachverhalt Widerspruch gegen die Beseitigungsanordnung eingelegt; aufgrund der Anordnung nach § 80 II Nr. 4 VwGO hat dieser Widerspruch jedoch keine aufschiebende Wirkung. Der Widerspruch ist auch nicht offensichtlich unzulässig (dies wäre etwa bei offensichtlicher Verfristung des Widerspruchs der Fall).

Fraglich ist aber, ob K vor Einschaltung des Gerichts zunächst noch gemäß § 80 IV VwGO einen entsprechenden Antrag auf Wiederherstellung der aufschiebenden Wirkung bei der Behörde hätte stellen müssen. Abgesehen davon, dass ein solcher Antrag bei Anordnung der sofortigen Vollziehung durch die identische Behörde kaum Aussicht auf Erfolg hätte, bestimmt § 80 VI VwGO ausdrücklich, dass ein solcher vorgeschalteter Antrag lediglich in den Fällen des § 80 II Nr. 1 VwGO erforderlich ist, also bei Abgaben und Kostenentscheidungen, bei denen die aufschiebende Wirkung per Gesetz ausgeschlossen ist. Im Umkehrschluss zu § 80 VI VwGO ist ein vorheriger Antrag bei der Behörde in allen anderen Fällen nicht erforderlich.

Da K vorliegend bereits Widerspruch eingelegt hat, muss nicht auf die Streitfrage eingegangen werden, ob die vorherige Einlegung eines förmlichen Rechtsbehelfs erforderlich ist[29]. K besitzt demnach auch das erforderliche Rechtsschutzbedürfnis für den Antrag nach § 80 V VwGO.

VI. Ergebnis

Die Eingabe des K an das Verwaltungsgericht ist als Antrag auf Wiederherstellung der aufschiebenden Wirkung seines Widerspruchs gegen den Beseitigungsbescheid nach § 80 V VwGO i. V. m. § 80 II Nr. 4 VwGO zulässig.

B. Begründetheit

Der Antrag des K auf Wiederherstellung der aufschiebenden Wirkung ist begründet, wenn die Anordnung der sofortigen Vollziehung formell rechtswidrig war oder wenn das Interesse an der Aussetzung der Vollziehung des belastenden VAs gegenüber dem öffentlichen Interesse an der Vollziehung desselben überwiegt. *Es muss also das Aussetzungsinteresse gegenüber dem Vollzugsinteresse überwiegen.*

Welches Interesse überwiegt, ergibt sich im Wesentlichen aus einer *summarischen Prüfung* der Erfolgssaussichten in der Hauptsache. Ist der Verwaltungsakt rechtswidrig und wird der Antragsteller dadurch in seinen Rechten verletzt, überwiegt das Aussetzungsinteresse des Antragstellers. Es kann kein überwiegendes Vollzugsinteresse der Behörde an einem rechtswidrigen Verwaltungsakt bestehen. Ergibt hingegen die summarische Prüfung, dass der VA *offensichtlich rechtmäßig* ist, überwiegt üblicherweise das Vollzugsinteresse.

Zudem muss jedoch nach h. M. in den Fällen des § 80 II Nr. 4 VwGO, also in den Fällen, wo gesetzlich eigentlich die aufschiebende Wirkung des Widerspruchs vorgesehen ist, auch noch ein über das grundsätzliche Interesse am Vollzug eines rechtmäßigen VA hinausgehendes besonderes Inter-

---

[29] Ablehnend *Kopp/Schenke*, § 80 Rn. 137.

esse für den sofortigen Vollzug bestehen. Bei ohnehin gesetzlich vorgesehenem Wegfall der aufschiebenden Wirkung nach § 80 II Nr.1-3 VwGO ergibt sich das Vollzugsinteresse bei Rechtmäßigkeit des VAs bereits aus der gesetzlichen Wertung.

Hinweis: In der Rechtspraxis lässt sich die Rechtmäßigkeit oder Rechtswidrigkeit nicht immer eindeutig feststellen – vor allem nicht in wirklichen Eilfällen. Anders verhält es sich dagegen in Prüfungsarbeiten. Da in diesen der Sachverhalt feststeht, ist im Rahmen des § 80 V VwGO ebenso wie bei der Anfechtungsklage die Rechtmäßigkeit des VA nicht nur kursorisch, sondern in einem umfassenden Sinne zu überprüfen. Insofern unterscheidet sich die vorzunehmende *summarische* Prüfung zumindest in Prüfungsarbeiten nicht von der Prüfung im Hauptsachverfahren.

I. Formelle Rechtmäßigkeit der Anordnung der sofortigen Vollziehung gem. § 80 II S. 1 Nr. 4 VwGO

Zunächst müsste die Anordnung der sofortigen Vollziehung formell rechtmäßig sein. Zuständig für die Anordnung der sofortigen Vollziehung ist gem. § 80 II S. 1 Nr. 4 VwGO sowohl die Ausgangs- als auch die Widerspruchsbehörde. Mit der Bauaufsichtsbehörde hat somit die zuständige Behörde gehandelt.

Problematisch könnte sein, dass K vor Erlass des VAs bzw. vor der Sofortvollzugsanordnung nicht angehört worden ist. Die Notwendigkeit einer solchen Anhörung ist umstritten. Weitgehende Einigkeit besteht darüber, dass eine Anhörungspflicht nicht direkt aus § 28 I VwVfG hergeleitet werden kann, da die Anordnung der sofortigen Vollziehung keinen eigenständigen Regelungsgehalt aufweist und deshalb keinen Verwaltungsakt i.S.d. § 35 S. 1 VwVfG darstellt. Aus § 28 I VwVfG direkt ergibt sich eine Anhörungspflicht jedoch nur für Verwaltungsakte.

Eine Anhörungspflicht wird aber teilweise über eine analoge Anwendung von § 28 Abs. 1 VwVfG oder über allgemeine rechtsstaatliche Grundsätze begründet. Dagegen spricht jedoch, dass das Bestehen einer Regelungslücke für die

Analogiebildung im Hinblick auf die Regelung des § 80 III VwGO fraglich ist. Die Anordnung des Sofortvollzugs setzt zudem im Unterschied zum Normalfall einer Anhörung vor Erlass eines VAs zwingend ein besonderes Vollzugsinteresse voraus, welches i.d.R. aus einer besonderen Eilbedürftigkeit folgt. Die fehlende Anhörung des K steht damit der formellen Rechtmäßigkeit nicht entgegen.

Fraglich ist jedoch, ob die vorliegend von der Behörde gegebene Begründung den Anforderungen des § 80 III S. 1 VwGO genügt. Danach bedarf die Anordnung grds. einer schriftlichen Begründung. Aus dieser Begründung muss sich ein besonderes Vollziehungsinteresse ergeben. Das allgemeine Interesse, welches am Vollzug eines rechtmäßigen VAs besteht, reicht nicht aus, um den Sofortvollzug zu begründen. Vielmehr lässt sich die sofortige Vollziehung nur mit einem besonderen Vollziehungsinteresse rechtfertigen, das über das allgemeine Vollziehungsinteresse hinausgeht. Die Verwaltung muss daher besondere Gründe nennen, aus denen sich ergibt, warum mit der Vollziehung nicht bis zur Bestandskraft gewartet werden kann. Die Vollziehungsanordnung ist dementsprechend mit einer auf den konkreten Einzelfall abgestellten und nicht lediglich formelhaften Begründung des öffentlichen Interesses an der sofortigen Vollziehung des VA zu versehen.

Die Behörde hat hier als Grund lediglich angegeben, das Vollzugsinteresse überwiege das Aussetzungsinteresse wegen des Sittenverstoßes. Diese (äußerst dürftige) Begründung bezieht sich zwar auf den Einzelfall, jedoch ist die Begründung zumindest teilweise identisch mit der Begründung der Beseitigungsverfügung (Sittenverstoß). Diese Begründung genügt daher nicht den Anforderungen des § 80 III S. 1 VwGO. Wegen dieses Begründungsmangels ist die Anordnung formell fehlerhaft.
Die Rechtsfolge eines solchen Verstoßes gegen das Begründungserfordernis des § 80 III VwGO ist wiederum umstritten. Teilweise wird vertreten, dass bei (formeller) Rechtswidrigkeit der Vollzugsanordnung das Gericht die aufschie-

bende Wirkung des Widerspruchs wiederherstellen muss, um so den Zustand des § 80 I VwGO (Eintritt des Suspensiveffekts) herbeizuführen.

Die h. M. sieht jedoch als Rechtsfolge der formellen Rechtswidrigkeit lediglich die Aufhebung der VzA vor, was der Behörde die Möglichkeit gibt, eine neue, diesmal ausreichend begründete VzA zu erlassen. Es erscheint nämlich zweifelhaft, nur aufgrund eines formellen Fehlers einen ansonsten rechtmäßigen VA außer Vollzug zu setzen, obwohl dieser möglicherweise zur Gefahrenabwehr dringend erforderlich ist.

Die Frage nach der Rechtsfolge braucht an dieser Stelle jedoch nicht entschieden zu werden. Zwar ergibt sich bereits jetzt, dass im Tenor der Entscheidung zumindest die VzA aufzuheben ist. Ergibt sich jedoch aus der nachfolgenden materiell-rechtlichen Prüfung, dass der Grund-VA ohnehin rechtswidrig ist, würde auch nach der h. M. im Tenor die aufschiebende Wirkung des Widerspruchs mit entsprechender Rechtskraftwirkung wiederhergestellt, um zu verhindern, dass die Behörde – wie dargestellt – nachträglich eine nach § 80 III VwGO ausreichend begründete VzA erlässt.

Mithin ist die VzA nach der hier vertretenen Ansicht formell rechtswidrig, die sonstige Rechtmäßigkeit der Beseitigungsanordnung muss aber trotzdem untersucht werden.

II. Erfolgsaussichten in der Hauptsache/Rechtmäßigkeit der Beseitigungsverfügung

1. Ermächtigungsgrundlage

Da es sich vorliegend um eine Bauordnungsverfügung handelt, kommt als Ermächtigungsgrundlage für die Beseitigungsanordnung die entsprechende Vorschrift aus der LandesBauO in Betracht, vgl. § 65 S.1 LBO **BaWü**; Art. 76 S. 1 LBO **Bay**; § 80 S. 1 LBO **Berl**; § 80 I LBO **Brbg**; § 79 LBO **Brem**; § 76 LBO **HH**; § 82 I 1 LBO **Hess**; § 80 I LBO **MV**; § 79 I 2 Nr. 4 LBO **Nds**; § 82 I S. 1 LBO **NW**; § 81 S. 1 LBO **RhPf**; § 82 I LBO **Saarl**; § 80 S.1 LBO **Sachs**; § 79 LBO S. 1 **LSA**; § 59 II Nr. 3 LBO **SH**; § 79 I 1, II LBO **Thür.**

2. Formelle Rechtmäßigkeit

Laut Sachverhalt handelte die zuständige Beamtin der Bauaufsichtsbehörde. Die vor Erlass einer Ordnungsverfügung nach § 28 I VwVfG erforderliche Anhörung hat indes nicht stattgefunden. Diese kann jedoch gem. § 45 I Nr. 3 VwVfG nachgeholt werden. Verstöße gegen Formvorschriften sind nicht ersichtlich.

3. Materielle Rechtmäßigkeit

Nach den Bauordnungen der Länder (vgl. die oben genannten Ermächtigungsgrundlagen) haben die Bauaufsichtsbehörden die Möglichkeit, eine Beseitigungsverfügung zu erlassen, wenn das jeweilige Vorhaben im Widerspruch zum öffentlichen Baurecht errichtet oder geändert worden ist und rechtmäßige Zustände auf andere Weise nicht hergestellt werden können. Eine Abrissverfügung setzt somit voraus, dass das Werbeplakat sowohl formell als auch materiell illegal ist.

a) Formelle Illegalität

K verfügt über keine Baugenehmigung für das Werbeplakat. Fraglich ist, ob eine solche Genehmigung erforderlich ist. Bei im Boden versenkten Werbeplakaten handelt es sich um bauliche Anlagen i.S.d. Landesbauordnungen. Diese bedürfen grds. einer Baugenehmigung. Da K sein Werbeplakat ohne Genehmigung errichtet hat, ist die Werbeanlage mithin formell illegal.

b) Materielle Illegalität

In der Aufstellung müsste auch ein materieller Verstoß gegen Vorschriften des öffentlichen Baurechts liegen. In Betracht kommt vorliegend ein Verstoß gegen das Bauordnungsrecht. Nach den Vorschriften der Landesbauordnungen (z.B. § 10 II S. 2 BauONRW) dürfen Werbeplakate nicht die Sicherheit und Ordnung des Verkehrs gefährden.

In der Begründung führt die Behörde aus, durch das Werbeplakat würden (männliche) Verkehrsteilnehmer derart abgelenkt, dass die Gefahr von Unfällen und damit die Gefährdung von geschützten Rechtsgütern erheblich erhöht würde. Jedoch ist es seit der Aufstellung des Schildes noch zu keinem einzigen Unfall gekommen.

Maßgeblich für die Beurteilung der Frage, ob eine Gefährdung des Verkehrs vorliegt, sind einerseits die konkreten örtlichen Verhältnisse, einschließlich bereits bestehender Gefahrensituationen, andererseits die Fähigkeit eines durchschnittlichen Verkehrsteilnehmers, die Situation zu bewältigen. Bei dem von K aufgestellten Plakat handelt es sich um eine klassische Werbeanlage. Daran ändert auch das „aufreizende" Motiv nichts. Bei diesen ist regelmäßig nicht von einer verkehrsgefährdenden Situation auszugehen. Es liegt daher auch kein Verstoß gegen das Bauordnungsrecht vor. Sonstige Verstöße sind nicht ersichtlich.

4. Zwischenergebnis

Die Aufstellung des Werbeplakats erfolgte zwar formell, aber nicht materiell baurechtswidrig. Die Beseitigungsanordnung ist daher rechtswidrig und verletzt K in seinen Rechten.

C. Ergebnis

Damit ist der Antrag des K zulässig und begründet. Da zudem nicht lediglich die Anordnung der sofortigen Vollziehung formell rechtswidrig, sondern auch die Beseitigungsanordnung rechtswidrig ist, wird das Gericht in seiner Entscheidung die aufschiebende Wirkung des Widerspruchs wiederherstellen.

Fall 14: Neidische Beamtin

▸ **Standort:** Einstweilige Anordnung, § 123 VwGO

Karl (K) und Anna (A) sind beide Beamte auf Lebenszeit im höheren Dienst. In ihren dienstlichen Bewertungen liegen die beiden auf etwa gleichem, sehr hohem Niveau. A hat im Gegensatz zu K nach dem Jura-Studium auch ihr zweites Staatsexamen abgelegt.

Vor einem Monat ist der Vorgesetzte der beiden wegen Betrugs und Untreue zu einer Freiheitsstrafe von zwei Jahren verurteilt worden und hat seinen Beamtenstatus verloren. In der Folge muss die Stelle neu besetzt werden. Auf die Ausschreibung bewerben sich ausschließlich K und A. Über einen Freund (F), der bei der Entscheidung dabei war, erfährt A nun zutreffenderweise, dass durch das zuständige, ausschließlich mit Männern besetzte Gremium, eine (formell rechtmäßige) Entscheidung zugunsten des K getroffen wurde und ihm bereits in zwei Wochen die Ernennungsurkunde überreicht werden soll. Die Entscheidung zugunsten des K sei insbesondere gefallen, da man der Ansicht war, als Mann wäre dieser besser für Führungsaufgaben geeignet.

Kurz darauf erhält A eine schriftliche Mitteilung, dass sie nicht ernannt werden wird, welche entsprechend begründet ist. Eine Woche vor der geplanten Ernennung und Übergabe der Ernennungsurkunde an K stellt A beim VG einen Antrag auf einstweilige Anordnung, die Ernennung des K und die Überreichung der Urkunde zu untersagen und stattdessen sie zu ernennen. Hat der Antrag beim VG Aussicht auf Erfolg?

A. Zulässigkeit
I. Eröffnung des Verwaltungsrechtsweges
II. Statthafte Antragsart
III. Antragsbefugnis (§ 42 II VwGO analog)
1. Nichternennung des K
a) Anordnungsanspruch
b) Anordnungsgrund

2. Ernennung der A
a) Anordnungsanspruch
b) Anordnungsgrund
IV. Antragsgegner
V. Allgemeines Rechtsschutzbedürfnis
VI. Ergebnis
B. Begründetheit
I. Anordnungsanspruch
1. Anspruchsgrundlage
2. Voraussetzungen der AGL
II. Anordnungsgrund
III. Entscheidung des VG – keine Vorwegnahme der Hauptsache
C. Ergebnis

Der Antrag der A hat Aussicht auf Erfolg, wenn er zulässig und begründet ist.

A. Zulässigkeit

I. Eröffnung des Verwaltungsrechtsweges

Der Verwaltungsrechtsweg könnte nach § 54 I BeamtStG eröffnet sein. A ist Beamtin und der Antrag richtet sich gegen eine beamtenrechtliche Beförderung bzw. Ernennung. Mithin ist der Verwaltungsrechtsweg nach der aufdrängenden Sonderzuweisung des § 54 I BeamtStG eröffnet (beachte § 123 II S. 1 VwGO).

II. Statthafte Antragsart

Die statthafte Antragsart richtet sich nach dem Begehren des Antragstellers (§§ 122, 88 VwGO). A begehrt vorliegend die Ernennung des K zu untersagen und stattdessen sie zu ernennen. Als statthafte Antragsart kommt dafür ein Antrag nach § 123 I VwGO in Betracht. Nach § 123 V VwGO gelten die Vorschriften der Absätze 1 bis 3 allerdings *nicht* für die Fälle der §§ 80, 80a VwGO. Die einstweilige Anordnung nach § 123 VwGO ist also subsidiär gegenüber dem vorläufigen Rechtsschutz nach §§ 80, 80a VwGO. Diese sind einschlägig, wenn der Antragsteller die Suspendierung eines belastenden Verwaltungsaktes i.S.d. § 35 S. 1 VwVfG begehrt.

Zwar wäre die Ernennung ein VA i.S.d. § 35 S. 1 VwVfG (Außenwirkung, da Statusverhältnis betroffen), jedoch ist K bislang ja noch nicht ernannt worden. In der Hauptsache handelt es sich, da A zum einen die eigene Ernennung beantragt, um eine Verpflichtungsklage und zum anderen, da A verhindern will, dass K ernannt wird, um eine Leistungsklage in Form der vorbeugenden Unterlassungsklage. Somit ist die einstweilige Anordnung nach § 123 VwGO die statthafte Rechtsschutzform.

Fraglich ist, welche Antragsform des § 123 I VwGO hier statthaft ist. In Betracht kommt eine sog. *Sicherungsanordnung* nach § 123 I S. 1 VwGO oder eine sog. *Regelungsanordnung* nach § 123 I S. 2 VwGO. Eine Sicherungsanordnung ist dann gegeben, wenn der Antragsteller seine derzeitige Rechtsposition, also den status quo, einstweilen sichern möchte. Hingegen liegt eine Regelungsanordnung vor, wenn der Antragsteller eine vorläufige *Erweiterung* seines Rechtskreises begehrt.

Vorliegend möchte A im Rahmen des einstweiligen Rechtsschutzes verhindern, dass K auf die Stelle gesetzt wird. Mithin begehrt A im Verfahren nach § 123 VwGO zum einen eine Sicherungsanordnung i.S.d. § 123 I S. 1 VwGO. Zum anderen beantragt sie, dass sie selbst ernannt werden soll. Mithin handelt es sich zusätzlich um eine Regelungsanordnung nach § 123 I S. 2 VwGO.

III. Antragsbefugnis (§ 42 II VwGO analog)

Im Verfahren nach § 123 VwGO muss der Antragsteller analog § 42 II VwGO antragsbefugt sein. Dies ist im Rahmen des § 123 I VwGO der Fall, wenn der Antragsteller einen möglichen *Anordnungsanspruch* und einen möglichen *Anordnungsgrund glaubhaft machen kann* (vgl. § 123 III i. V. m. § 920 ZPO).

Da A vorliegend sowohl eine Sicherungs- als auch eine Regelungsanordnung begehrt, muss im Rahmen der Antragsbefugnis zwischen beiden differenziert werden.

1. Nichternennung des K

a) Anordnungsanspruch

Unter einem Anordnungsanspruch bei der Sicherungsanordnung versteht man im Rahmen der Antragsbefugnis die glaubhaft gemachte Möglichkeit, dass dem Antragsteller das zu sichernde Recht zusteht. Ein Recht der A darauf, dass nicht K (sondern sie) ernannt werden müsste, könnte sich hier aus § 33 II GG direkt oder aus § 9 BeamtStG ergeben, wonach für eine ausgeschriebene Stelle nur der geeignetste Bewerber ausgewählt werden soll. Ein Anordnungsanspruch ist damit zumindest möglich.

b) Anordnungsgrund

Unter dem Anordnungsgrund versteht man kurz gesagt die Eilbedürftigkeit des Streitgegenstands, also bei der Sicherungsanordnung, dass die Gefahr besteht, dass durch eine Veränderung des Zustandes die Verwirklichung des Rechts des Antragstellers vereitelt oder wesentlich erschwert werden könnte.

Vorliegend besteht die Gefahr, dass in der nächsten Woche der K ernannt (befördert) wird. Aufgrund der sog. *Ämterstabilität* kann eine erfolgte Ernennung nur unter sehr begrenzten Voraussetzungen wieder rückgängig gemacht werden. Eine möglicherweise ermessensfehlerhafte Auswahlentscheidung gehört nicht zu den möglichen Gründen.

Da aufgrund § 49 I BHO (Bundeshaushaltsordnung, Sa. 700) auch ein Amt nur in Verbindung mit einer freien Planstelle verliehen werden darf, würden durch die Ernennung des K „vollendete Tatsachen“ geschaffen. Die Ernennung der A auf ein vergleichbares Amt wäre damit ungewiss. Mithin liegt auch ein möglicher Anordnungsgrund für die Nichternennung des K vor.

2. Ernennung der A

a) Anordnungsanspruch

Ein möglicher Anordnungsanspruch bzgl. einer Regelungsanordnung liegt vor, wenn ein streitiges Rechtsverhältnis vorliegt und der Antragsteller möglicherweise ein Recht auf die gewünschte Veränderung des bestehenden Zustandes hat. Das streitige Rechtsverhältnis ist hier die Ernennungsentscheidung zugunsten des K und zu Lasten der A.

Ein möglicher Anspruch der A auf eigene Ernennung ergibt sich hier ebenfalls aus Art. 33 II GG. Auch wenn es sich bei den Auswahlkriterien (Eignung, Befähigung usw.) um *unbestimmte Rechtsbegriffe mit Beurteilungsspielraum* handelt und dem VG hier nur eine begrenzte Überprüfungsmöglichkeit zusteht, ist zumindest ein Recht der A auf eigene Ernennung nicht von vornherein ausgeschlossen. Die Möglichkeit eines Anordnungsanspruchs besteht somit.

b) Anordnungsgrund

Ein Anordnungsgrund bei der Regelungsanordnung liegt vor, wenn die begehrte Regelung erforderlich ist, um wesentliche, nicht mehr zu korrigierende Nachteile zu verhindern.

Nach dem Sachverhalt kommen nur K oder A für die Stelle in Frage. Durch die mögliche Nichternennung des K würde die Stelle zunächst unbesetzt bleiben. Eine Gefahr, dass ohne die Ernennung der A wesentliche Nachteile für diese zu befürchten sind, ist nicht ersichtlich. Zudem würden durch die Ernennung der A ebenfalls vollendete Tatsachen geschaffen. Ein möglicher Anordnungsgrund für die Ernennung der A ist demnach nicht ersichtlich. Insoweit ist der Antrag der A als unzulässig zurückzuweisen.

A ist somit lediglich antragsbefugt hinsichtlich ihres Antrags, die Ernennung des K vorläufig zu unterlassen.

IV. Antragsgegner

In der Situation der Verpflichtungsklage in der Hauptsache wird § 78 VwGO im Verfahren nach § 123 VwGO analog angewandt. Für alle anderen Klagearten gilt das allgemeine Rechtsträgerprinzip. Klagegegner ist demnach der Rechtsträger der einstellenden Behörde von A und K.

V. Allgemeines Rechtsschutzbedürfnis

Fraglich ist – da A hier zuvor keinen Antrag bei der Behörde gestellt und auch keine Klage erhoben hat – ob das erforderliche Rechtsschutzbedürfnis vorliegt. Schon nach dem Wortlaut des Gesetzes ist indes die Anhängigkeit einer Klage in der Hauptsache nicht erforderlich (§ 123 I S.1 VwGO). Jedoch ist, wie auch bei Klagen in der Hauptsache, grundsätzlich erforderlich, dass der Antragsteller zuvor *einen Antrag bei der Behörde* stellt.

Hinsichtlich der Nichternennung des K hat A einen solchen Antrag hier nicht gestellt. Allerdings hat das Erfordernis des Rechtsschutzbedürfnisses die Funktion, die Befassung der Gerichte zu vermeiden, wenn es einen einfacheren, schnelleren und zumindest gleich effektiven Weg gibt, seine Rechte zu behaupten bzw. durchzusetzen. Hiermit soll jedoch schon wegen Art. 19 IV GG nicht erreicht werden, dass der Rechtsschutzsuchende auf eine weniger umfangreiche Rechtsschutzgewährung verwiesen wird.

Durch die unmittelbar bevorstehende Ernennung des K ist zum einen ungewiss, ob ein entsprechender Antrag der A noch rechtzeitig beschieden werden könnte und selbst wenn, ob z.B. bei einer negativen Entscheidung noch die Möglichkeit einer Verhinderung der Ernennung durch Einschaltung der Gerichte möglich wäre. Dies würde das Recht der A auf effektiven Rechtsschutz nach Art. 19 IV GG verletzen.

Hinweis: In der Praxis werden deshalb sehr oft beamtenrechtliche Konkurrentenklagen ausschließlich im vorläufigen Rechtsschutz entschieden.

Hieraus ergibt sich, dass A auch ohne vorherigen Antrag das erforderliche allgemeine Rechtsschutzbedürfnis für den Antrag besitzt.

VI. Ergebnis

Der Antrag der A auf Erlass einer einstweiligen Anordnung nach § 123 I S. 1 VwGO ist zulässig.

B. Begründetheit[30]

Der Antrag der A auf einstweilige Anordnung ist begründet, wenn diese einen Anordnungsanspruch und einen Anordnungsgrund *glaubhaft*[31] machen kann.

I. Anordnungsanspruch

Nach § 123 I S. 1 VwGO muss A als Anspruchstellerin zunächst einen Anordnungsanspruch, das heißt den materiellrechtlichen Anspruch, der in der Hauptsache geltend gemacht wird, glaubhaft machen. A müsste hier also einen Anspruch auf Nichternennung zu Lasten des K geltend machen.

1. Anspruchsgrundlage

Als Anspruchsgrundlage kommt hier Art. 33 II GG bzw. § 9 BeamtStG in Betracht. Nach überwiegender Ansicht ergibt sich der mögliche Anspruch eines Bewerbers auf die Ernennung bei Vorliegen der gesetzlichen Voraussetzungen allerdings direkt aus Art. 33 II GG. Dabei korreliert der Unterlassungsanspruch mit der Ernennung desjenigen, der die Voraussetzungen nicht bzw. schlechter erfüllt.

2. Voraussetzungen der AGL

Nach Art. 33 II GG hat jeder Deutsche nach seiner Eignung, Befähigung und fachlichen Leistung Zugang zu jedem öffentlichen Amte. Nach § 9 BeamtStG ist die Auslese nach

---

[30] Es empfiehlt sich, Sicherungs- und Regelungsanordnung nach einem einheitlichen Begründetheitsschema zu prüfen, wenngleich der Wortlaut des § 123 I S. 1 und S. 2 VwGO voneinander abweichen.

[31] Bei der Glaubhaftmachung soll das Gericht von der *Wahrscheinlichkeit* der zu beweisenden Tatsache überzeugt werden. Nicht notwendig ist dagegen die vollständige persönliche Überzeugung des Gerichts von der Richtigkeit der Tatsachenbehauptung. Die Glaubhaftmachung kann gemäß §§ 123 III VwGO, 920 II, 294 ZPO mit allen Beweismitteln geführt werden.

Eignung, Befähigung und fachlicher Leistung ohne Rücksicht auf Geschlecht, Abstammung, Rasse, Glauben, religiöse oder politische Anschauungen, Herkunft oder Beziehungen vorzunehmen.

Vorliegend sind die Bewertungen von A und K in etwa gleich gut. Allerdings hat A zusätzlich das 2. Staatsexamen absolviert und ist damit besser qualifiziert. Eine pauschale Einschätzung, K sei als Mann für Führungsaufgaben besser geeignet, widerspricht schon § 9 BeamtStG. Die pauschale Einschätzung, dass K kraft seines männlichen Geschlechts besser zu Führungsaufgaben geeignet sei, entbehrt jeglicher sachlichen Grundlage.

Man hätte umgekehrt ebenso wenig nur deshalb A auswählen können, weil Frauen etwa gemeinhin als kommunikativer gelten. Anhand der vorliegenden Umstände wäre eine Auswahl zugunsten der A wahrscheinlicher als eine zugunsten des K. Auch wenn das VG hier wegen der Grundsätze des Beurteilungsspielraums in der Hauptsache unter Umständen die Behörde nicht verpflichten könnte, die A zu ernennen, hat A jedoch auf jeden Fall einen (wegen der Bewertungsfehler noch nicht erfüllten) Anspruch auf ermessensfehlerfreie Entscheidung. Ein solcher Anspruch reicht bei Vorliegen der übrigen Voraussetzungen für die Glaubhaftmachung eines Anordnungsanspruches aus.

II. Anordnungsgrund

Der Anordnungsgrund ergibt sich bereits aus den Ausführungen zur Antragsbefugnis. Wegen des Prinzips der Ämterstabilität käme nach einer Ernennung des K eine Ernennung der A grundsätzlich nicht mehr in Betracht.[32] Annähernd jede Klage diesbezüglich wäre mangels erreichbaren Rechtsschutzziels bereits unzulässig. A kann daher auch einen Anordnungsgrund glaubhaft machen.

---

[32] Zur Ausnahme davon siehe BVerwGE 138, 102 ff.

III. Entscheidung des VG – keine Vorwegnahme der Hauptsache

Nach h. M. muss das Gericht bei Vorliegen der obigen Voraussetzungen eine einstweilige Anordnung treffen. Eine Interessenabwägung hinsichtlich des „Ob" findet dann nicht mehr statt. Jedoch hat das Gericht hinsichtlich der Frage, welche konkrete Anordnung es trifft, einen Ermessensspielraum. Es ist grundsätzlich nicht an den Antrag gebunden, sondern muss unter Berücksichtigung der Gesamtumstände eine möglichst interessengerechte Lösung finden.

Im vorliegenden Fall würde durch die beantragte vorläufige Nichternennung des K wohl den beteiligten Interessen am ehesten Genüge getan. Zudem könnte das Gericht der A aufgeben, einen Antrag auf Neubescheidung bei der Behörde zu stellen. Der Behörde könnte aufgegeben werden, bei der neuen Entscheidung die Vorgaben des Gerichts entsprechend zu berücksichtigen.

Grundsätzlich darf, da es sich bei § 123 VwGO um vorläufigen Rechtsschutz handelt, durch die Anordnung des Gerichts *die Hauptsache nicht vorweg genommen* werden. A geht es in der Hauptsache darum, selbst ernannt zu werden. Durch die vorläufige Nichternennung wird dieser „Hauptsache" nicht vorgegriffen. Die Ernennung der A entsprechend ihrem unzulässigen Antrag wäre wegen des Vorwegnahmeprinzips beispielsweise nicht möglich gewesen.

Hinweis: Eine Ausnahme vom Prinzip der Vorwegnahme kann sich z.B. ergeben, wenn ansonsten schwere Nachteile drohen, z.B. bei Sozialleistungen.

C. Ergebnis

Der Antrag der A auf einstweilige Anordnung nach § 123 I S. 1 VwGO ist hinsichtlich der vorläufigen Unterlassung der Ernennung des K zulässig und begründet und hat daher Aussicht auf Erfolg. Der Antrag auf eigene Ernennung nach § 123 I S. 2 VwGO ist bereits mangels Antragsbefugnis unzulässig.

Fall 15: Die lieben Nachbarn

▸ **Standort:** Vorläufiger Rechtsschutz nach § 80a VwGO

Bock (B) und Sturkopf (S) kennen sich bereits seit dem Kindergarten und sind sich seit jeher spinnefeind. Die beiden wohnen dummerweise Haus an Haus und es kommt regelmäßig zu (auch) handfesten Auseinandersetzungen „am Gartenzaun". Die Häuser der beiden befinden sich in einem durch qualifizierten Bebauungsplan als reines Wohngebiet festgesetzten Gebiet mit ca. 50 Wohnhäusern und kleineren Geschäften. Der Bebauungsplan bestimmt u.a., dass ausschließlich eingeschossige Gebäude errichtet werden dürfen.

Da B die jahrelangen Streitereien mit S satt hat und mit seiner neuen jungen Geliebten in Ruhe sein Leben genießen will, beschließt er, von dort wegzuziehen. Da er jedoch dem S noch eins auswischen will, möchte er sein Haus in einen kleinen Fitnessclub umbauen und vermieten.

Er stellt einen entsprechenden Antrag beim zuständigen Bauamt für den Umbau in einen zweigeschossigen Fitnessclub. Da der zuständige Beamte ein alter Freund ist, wird die Baugenehmigung erteilt. Als die Bauarbeiten beginnen, ist S erzürnt und erhebt Widerspruch gegen die Baugenehmigung. Gleichzeitig beantragt S beim VG, „per Eilantrag, den Bau zu stoppen, da Fitnessclubs sowie zweigeschossige Gebäude in einem reinen Wohngebiet nicht zulässig seien".

Hat der Antrag vor dem VG Aussicht auf Erfolg?

A. Zulässigkeit
 I. Eröffnung des Verwaltungsrechtsweges
 II. Statthafte Antragsart
 III. Antragsbefugnis (§ 42 II VwGO analog)
 IV. Antragsgegner (§ 78 VwGO analog)
 V. Allgemeines Rechtsschutzbedürfnis
 VI. Ergebnis der Zulässigkeitsprüfung
B. Notwendige Beiladung
C. Begründetheit
 I. Ermächtigungsgrundlage

II. Formelle Rechtmäßigkeit
III. Materielle Rechtmäßigkeit
1. Verstoß gegen öffentlich-rechtliche Vorschriften
2. Schutznormcharakter der verletzten Vorschrift
IV. Zwischenergebnis
C. Ergebnis

Der Antrag des S hat Aussicht auf Erfolg, wenn er zulässig und begründet ist.

A. Zulässigkeit

I. Eröffnung des Verwaltungsrechtsweges

Damit überhaupt der Rechtsweg zu den Verwaltungsgerichten eröffnet ist, müssten die Voraussetzungen des § 40 I S. 1 VwGO gegeben sein. Dann müsste es sich bei dem vorliegenden Rechtsstreit um eine öffentlich-rechtliche Streitigkeit handeln. Streitgegenstand ist die an B erteilte Baugenehmigung. Die streitentscheidenden Normen liegen damit im Bereich des öffentlichen Baurechts, das eine klassische Rechtsmaterie des öffentlichen Rechts darstellt. Es handelt sich mithin um eine öffentlich-rechtliche Streitigkeit. Diese ist nichtverfassungsrechtlicher Art und eine anderweitige Rechtswegzuweisung ist gleichfalls nicht ersichtlich. Der Verwaltungsrechtsweg ist daher gem. § 40 I VwGO eröffnet.

II. Statthafte Antragsart

Die statthafte Antragsart richtet sich nach dem Begehren des Antragstellers (§§ 122, 88 VwGO). Dem S geht es darum, schnellstmöglich einen sofortigen Baustopp zu erreichen. In Abgrenzung zum Rechtsschutz nach § 123 VwGO greift der vorläufige Rechtsschutz nach §§ 80, 80a VwGO vorrangig (vgl. § 123 V VwGO) in den Fällen, in denen in der Hauptsache die *Anfechtungsklage* statthaft ist.

S möchte vorliegend den Weiterbau des B verhindern und wendet sich damit im Ergebnis gegen die dem B erteilte Baugenehmigung.

Diese stellt zwar für B einen begünstigenden, für S hingegen einen belastenden Verwaltungsakt dar, gegen den in der Hauptsache die Anfechtungsklage statthaft wäre. Demnach ist hier der einstweilige Rechtsschutz nach den §§ 80, 80a VwGO statthaft. Da es sich um einen Antrag eines belasteten Dritten gegen den an einen anderen gerichteten, diesen begünstigenden VA handelt (sog. **VA mit Doppelwirkung**), ist § 80a VwGO die speziellere und deshalb vorliegend anzuwendende Vorschrift.

Im Rahmen des § 80a VwGO ist nunmehr die statthafte Antragsart zu bestimmen. S hat hier zwar Widerspruch gegen die dem B erteilte Baugenehmigung eingelegt. Dieser Widerspruch hat indes gem. § 80 II Nr. 2 VwGO i.V.m. § 212a BauGB keine aufschiebende Wirkung. S begehrt daher zum einen die Anordnung der aufschiebenden Wirkung seines Widerspruchs und zum anderen will er ein Weiterbauen des B verhindern. Statthaft ist daher ein Antrag des S nach § 80a I Nr. 2, III S. 1 VwGO auf Anordnung der aufschiebenden Wirkung[33] sowie zur Anordnung von Sicherungsmaßnahmen.

III. Antragsbefugnis (§ 42 II VwGO analog)

Da § 80a III VwGO der Sicherung der im Hauptsacheverfahren durch Anfechtungsklage durchzusetzenden Rechte dient, gilt § 42 II VwGO analog auch für den Antrag nach § 80a III VwGO. S müsste also geltend machen können, durch die dem B erteilte Baugenehmigung möglicherweise in seinen Rechten verletzt zu sein. Da S hier nicht Adressat eines ihn belastenden Verwaltungsaktes ist, kann man eine mögliche Rechtsverletzung vorliegend nicht mit dem Adressatengedanken begründen. Vielmehr müsste S geltend machen, dass die Baugenehmigung des B gegen

[33] Wegen der Verweisung auf § 80 V VwGO durch § 80a III S. 2 VwGO und im Interesse einer einheitlichen Begriffsbildung sollte auch im Rahmen des § 80a III VwGO die Kategorisierung und Terminologie des § 80 V VwGO beibehalten werden. Hinter dem Begriff „Vollziehung aussetzen" (§ 80a I Nr. 2 VwGO) verbirgt sich der Antrag auf Anordnung oder Wiederherstellung der aufschiebenden Wirkung.

Normen verstößt, die zumindest *auch* seinem Schutz dienen (sog. **drittschützende Normen**).

Im Hinblick auf die persönlichen Voraussetzungen bestehen diesbezüglich keinerlei Bedenken: S ist Eigentümer des an das Grundstück des B angrenzenden Grundstücks und kann daher die durch das Baurecht geschützten boden- und grundstückbezogenen Rechte geltend machen. Jedoch müsste S zudem geltend machen können, dass die Norm (oder die Normen), welche die Baubehörde bei ihrer Entscheidung objektiv verletzt haben soll, nachbarschützenden Charakter hat. Drittschützend ist eine Rechtsvorschrift nach der *sog. Schutznormtheorie* dann, wenn sie nicht nur öffentliche Interessen verfolgt, sondern – zumindest auch – dem Schutz eines Dritten (z.B. des Nachbarn) zu dienen bestimmt ist.

S hat gegen die Baugenehmigung eingewendet, diese sei rechtswidrig, da Fitnessclubs und zweigeschossige Gebäude in dem Gebiet nicht zulässig seien. Die Frage, ob ein Fitnessclub in dem betreffenden Baugebiet zulässig ist, betrifft die *Art der baulichen Nutzung,* welche durch den Bebauungsplan festgesetzt wird. Solche Festlegungen hinsichtlich der Art der baulichen Nutzung sind nach überwiegender Ansicht grundsätzlich dritt- bzw. nachbarschützend. Diesbezüglich ist also eine Verletzung von den S schützenden Normen möglich. Hingegen betrifft die Frage nach der Anzahl der Geschosse das *Maß der baulichen Nutzung.* Festsetzungen hinsichtlich des Maßes der baulichen Nutzung dienen grundsätzlich nur der städtebaulichen Ordnung und haben keinen drittschützenden Charakter. In Bezug darauf kann S daher keine Möglichkeit einer Rechtsverletzung geltend machen.

Hinweis: Inwieweit der drittschützende Charakter der möglicherweise verletzten Normen bereits im Rahmen der Antragsbefugnis abschließend geklärt wird oder man diese Frage der Begründetheitsprüfung vorbehält, ist Geschmackssache. Lässt sich der drittschützende Charakter einer Norm jedoch erst nach sorgfältiger Auslegung ermitteln, sollte diese Prüfung erst in der Begründetheit stattfinden. Im Rahmen der Zulässigkeit kann man sich dann mit der Möglichkeit des Drittschutzes und der Rechtsverletzung begnügen.

IV. Antragsgegner (§ 78 VwGO analog)

Der richtige Antragsgegner bestimmt sich aus einer analogen Anwendung des § 78 VwGO (ggf. i.V.m. Landes-VwGO).

Achtung: Antragsgegner ist auch in den Dreiecksfällen des § 80a VwGO niemals der Dritte oder der Adressat, sondern regelmäßig die juristische Person, deren Behörde den Verwaltungsakt erlassen hat!

V. Allgemeines Rechtsschutzbedürfnis

Fraglich ist, ob das Rechtsschutzbedürfnis für einen Antrag an das Verwaltungsgericht nach § 80a III VwGO gegeben ist. S hat vorliegend zeitgleich mit seinem Antrag Widerspruch gegen die Baugenehmigung erhoben. Fraglich ist allerdings, ob bei einem Verwaltungsakt mit Doppelwirkung für den Antrag auf Anordnung der aufschiebenden Wirkung nach § 80a I Nr. 2, III S. 1 VwGO erforderlich ist, dass der Antragsteller zuvor bei der Behörde einen Antrag auf Suspendierung des VAs stellt. Diese Frage ist umstritten.

Der Streit beruht auf der durch § 80a III S. 2 VwGO angeordneten entsprechenden Anwendung des § 80 V bis VIII VwGO und damit auch des § 80 VI VwGO für die Fälle des § 80a III S. 1 VwGO. Nach § 80 VI VwGO ist vor einem Antrag bei Gericht ein entsprechender, erfolgloser Antrag bei der Behörde zu stellen.

Die Frage, die sich deshalb stellt, ist, ob es sich bei § 80a III S. 2 VwGO um eine *Rechtsfolgen-* oder eine *Rechtsgrundverweisung* handelt. Würde es sich um eine Rechtsfolgenverweisung handeln, müsste im Rahmen des § 80a III VwGO vor gerichtlicher Geltendmachung stets ein erfolgloser Antrag bei der Behörde gestellt werden. Sollte es sich hingegen um einen Rechtsgrundverweis handeln, müsste dies nur im Falle des § 80 II Nr. 1 VwGO, also bei der Anforderung von öffentlichen Abgaben und Kosten, geschehen.

Da Verwaltungsakte mit Doppelwirkung in Abgaben- und Kostensachen nur selten vorkommen, liefe die Verweisung in Dreiecksfällen praktisch leer.

Die überwiegende Ansicht versteht § 80a III S. 2 VwGO dennoch unter Berufung auf die Entstehungsgeschichte der Norm als Rechtsgrundverweisung. Es handele sich dabei um ein Redaktionsversehen des Gesetzgebers; eine Ausdehnung der Regelung über den Bereich der Abgabenangelegenheiten hinaus kommt daher nicht in Betracht.

Aber auch diejenigen, die § 80 IV VwGO bei allen Verwaltungsakten mit Doppelwirkung anwenden, machen vom Erfordernis eines vorherigen Antrags bei der Behörde eine Ausnahme, wenn es die besondere Dringlichkeit der Sache gebietet. Dies gilt vor allem in baurechtlichen Fällen, in denen der Beginn der Bauarbeiten unmittelbar bevorsteht oder bereits begonnen hat. Im vorliegenden Fall des S ist somit übereinstimmend nach allen Ansichten kein vorheriger Antrag an die Behörde erforderlich gewesen. Das Rechtsschutzbedürfnis für den Antrag des S ist somit gegeben.

VI. Ergebnis der Zulässigkeitsprüfung

Der Antrag des S ist somit zulässig.

B. Notwendige Beiladung

Bei einem Antrag nach § 80a III VwGO ist zu berücksichtigen, dass der Adressat des Verwaltungsaktes gem. § 65 II VwGO notwendig beizuladen ist.

C. Begründetheit

Der Antrag nach § 80a I Nr. 2, III S. 1 VwGO ist begründet, wenn das Aussetzungsinteresse des S gegenüber dem Interesse des B und der Behörde am Vollzug der getroffenen Regelung Vorrang genießt. Dies richtet sich maßgeblich nach den Erfolgsaussichten in der Hauptsache. Das Aussetzungsinteresse überwiegt also, wenn die Baugenehmigung rechtswidrig und S dadurch in seinen Rechten verletzt ist. Die dem B erteilte Baugenehmigung müsste also zunächst einmal rechtswidrig sein. Rechtswidrig ist sie dann, wenn sie sich nicht auf eine taugliche Ermächtigungsgrundlage stützen kann oder von dieser formell oder materiell rechtswidrig Gebrauch gemacht wurde.

I. Ermächtigungsgrundlage

Anspruchsgrundlage für die Erteilung einer Baugenehmigung ist die jeweilige Vorschrift der LBauO, vgl. § 58 I BauO **BaWü**, Art. 68 BauO **Bay**, § 71 I BauO **Berl**, § 72 BauO **Brbg**, § 72 BauO **Brem**; § 72 I BauO **HH**, § 74 I BauO **Hess**, § 72 BauO **MV**, § 70 I BauO **Nds**, § 74 I BauO **NW**, § 70 BauO **RhPf**, § 73 BauO **Saarl**, § 72 I BauO **Sachs**, § 71 BauO **SA**, § 73 I BauO **SH**, § 71 I BauO **Thür.**

II. Formelle Rechtmäßigkeit

Im Hinblick auf formelle Aspekte sind Mängel der Genehmigung vorliegend nicht ersichtlich.

III. Materielle Rechtmäßigkeit

1. Verstoß gegen öffentlich-rechtliche Vorschriften

Nach § 74 I BauONRW[34] erteilt die Behörde die Genehmigung, wenn öffentlich-rechtliche Vorschriften nicht entgegenstehen. Vorliegend könnte ein Verstoß gegen die Festsetzungen des Bebauungsplans vorliegen. Der Bebauungsplan weist das Gebiet als reines Wohngebiet i.S.d. § 3 BauNVO aus. Nach § 30 I BauGB sind innerhalb des Geltungsbereichs eines Bebauungsplans nur solche Vorhaben zulässig, die den Festsetzungen des Bebauungsplans entsprechen. In einem reinen Wohngebiet sind nach § 3 BauNVO grundsätzlich nur Wohnhäuser zulässig. B möchte jedoch ein Fitnesscenter errichten. Zwar können gem. § 3 II BauNVO ausnahmsweise auch den Bedürfnissen der Bewohner des Gebiets dienende Anlagen für gesundheitliche und sportliche Zwecke zugelassen werden. Jedoch ist bei einem Gebiet von ca. 50 Häusern nicht davon auszugehen,

---

[34] § 74 I BauONRW wird vorliegend exemplarisch als Ermächtigungsgrundlage für die Erteilung einer Baugenehmigung herangezogen. Die Normen der übrigen Bundesländer finden Sie unter *I. Ermächtigungsgrundlage.*

dass ein Fitnesscenter lediglich den Bedürfnissen der Bewohner des Gebiets dienen würde. Im Gegenteil ist wohl eher davon auszugehen, dass auch Bewohner anderer Gebiete das Center nutzen würden, was zu zusätzlichem An- und Abfahrtsverkehr führen würde. Das von B geplante Fitnesscenter entspricht demnach nicht den Ausnahmevoraussetzungen des § 3 II BauNVO. Es liegt somit ein Verstoß gegen die Festsetzungen des Bebauungsplans vor.

2. Schutznormcharakter der verletzten Vorschriften

Es stellt sich somit die Frage, inwieweit die Festsetzungen des Bebauungsplans zumindest hinsichtlich der Art der baulichen Nutzung Drittschutz entfalten. Wie bereits im Rahmen der Antragsbefugnis festgestellt, wird diese Frage überwiegend bejaht. Denn durch die Festlegungen im Bebauungsplan werden dem einzelnen Eigentümer erhebliche Beschränkungen in der Nutzung seines Grundstücks auferlegt. Diese werden jedoch dadurch ausgeglichen, dass die anderen Grundstückseigentümer innerhalb des Plangebiets diesen Beschränkungen ebenfalls unterworfen werden (sog. Gebietserhaltungsanspruch). Die Festsetzungen des Bebauungsplans sind daher hinsichtlich der Art der baulichen Nutzung generell als drittschützend einzustufen.

VI. Zwischenergebnis

Die dem B erteilte Baugenehmigung ist somit materiell rechtswidrig und verletzt S in seinen Rechten. Der Antrag des S ist daher begründet.

C. Ergebnis

Der Antrag des S ist zulässig und begründet. Das Gericht wird daher gem. § 80 I Nr. 2, III S. 1 VwGO die aufschiebende Wirkung des Widerspruchs anordnen und dem B den Weiterbau vorläufig untersagen.

Standardfälle Polizei- und Ordnungsrecht
Klausurtypische Fälle, die nach dem Recht Bayerns und Nordrhein-Westfalens unter Nennung der wichtigsten Parallelnormen der übrigen Bundesländer gelöst werden

ISBN 978-3-86724-190-8

Standardfälle Kommunalrecht
Klausurtypische Fälle, die nach dem Recht Nordrhein-Westfalens unter Nennung der wichtigsten Parallelnormen der übrigen Bundesländer gelöst werden

ISBN 978-3-86724-066-6

Basiswissen Verwaltungsrecht AT
von Thomas Goltz

Die Grundlagen in Fragen und Antworten inkl. Schemata!

ISBN 978-3-86724-069-7

Auch lieferbar als Hörbuch/MP3!

▸ Unsere 📖 Skripten 🗂 Karteikarten 👂 Hörbücher

Zivilrecht

- 📖 Standardfälle **Zivilrecht** f. Anfänger (BGB AT+Kaufrecht)
- 📖 👂 Standardfälle **BGB AT**
- 📖 👂 Standardfälle **Schuldrecht**
- 📖 👂 Standardfälle **Ges. Schuldverhältn.**, §§ 677,812,823
- 📖 👂 Standardfälle **Sachenrecht** (Mobiliar+Immobiliar)
- 📖 👂 Standardfälle **Familien- und Erbrecht**
- 📖 👂 Basiswissen **BGB AT** (Frage-Antwort)
- 📖 👂 Basiswissen **Schuldrecht AT** (Frage-Antwort)
- 📖 👂 Basiswissen **Schuldrecht BT** (Frage-Antwort)
- 📖 👂 Basiswissen **Sachenrecht** (Frage-Antwort)
- 👂 Basiswissen **Familienrecht** (Frage-Antwort)
- 👂 Basiswissen **Erbrecht** (Frage-Antwort)
- 📖 Einführung in das **Bürgerliche Recht** (für Anfänger)
- 📖 Studienbuch **BGB AT**
- 📖 Studienbuch **Schuldrecht AT**
- 📖 Einführung **Schuldrecht BT 1** - §§ 437, 536, 634, 670 ff.
- 📖 Einführung **Schuldrecht BT 2** - §§ 812, 823, 765 ff.
- 📖 Einführung **Sachenrecht 1** – Mobiliarsachenrecht
- 📖 Einführung **Sachenrecht 2** – Immobiliarsachenrecht
- 📖 Einführung **Familienrecht**
- 📖 Einführung **Erbrecht**
- 📖 👂 **Definitionen** für die Zivilrechtsklausur

Strafrecht

- 📖 Standardfälle **Band 1:** für Anfänger
- 📖 Standardfälle **Band 2:** für Fortgeschrittene
- 📖 👂 Standardfälle **Strafrecht AT** (für Anfänger)
- 📖 👂 Basiswissen **Strafrecht AT** (Frage-Antwort)
- 📖 👂 Basiswissen **Strafrecht BT 1** (Frage-Antwort)
- 📖 👂 Basiswissen **Strafrecht BT 2** (Frage-Antwort)
- 📖 Einführung **Strafrecht AT**
- 📖 Einführung **Strafrecht BT 1** – Vermögensdelikte
- 📖 Einführung **Strafrecht BT 2** – Nichtvermögensdelikte
- 📖 👂 **Definitionen** für die Strafrechtsklausur

Öffentliches Recht

- 📖 Standardfälle **Staatsrecht 1** – Staatsorganisationsrecht
- 📖 Standardfälle **Staatsrecht 2** – Grundrechte
- 📖 👂 Standardfälle f. **Anfänger** (StaatsorgaR u. GrundR)
- 📖 Standardfälle **Verwaltungsrecht AT**
- 📖 Standardfälle **Polizei- und Ordnungsrecht**
- 📖 Standardfälle **Baurecht**
- 📖 Standardfälle **Europarecht**
- 📖 Standardfälle **Kommunalrecht**
- 📖 👂 Basiswissen **StaatsR 1** – StaatsorgaR (Frage-Antwort)
- 📖 👂 Basiswissen **StaatsR 2** – Grundrechte (Frage-Antwort)
- 📖 Basiswissen **Verwaltungsrecht AT** (Frage-Antwort)
- 📖 Studienbuch **Staatsorganisationsrecht**
- 📖 Studienbuch **Grundrechte**
- 📖 Studienbuch **Verwaltungsrecht AT**
- 📖 Studienbuch **Europarecht**
- 👂 Hörbuch Basiswissen **Europarecht**
- 📖 Studienbuch **Staatshaftungsrecht**
- 📖 **Verwaltungsrecht AT 1** – VwVfG
- 📖 **Verwaltungsrecht AT 2** – VwGO
- 📖 **Verwaltungsrecht BT 1** – Polizei und Ordnungsrecht
- 📖 **Verwaltungsrecht BT 2** – Baurecht
- 📖 **Verwaltungsrecht BT 3** – Umweltrecht
- 📖 👂 **Definitionen** Öffentliches Recht

Sozialrecht

- 📖 Einführung **Sozialrecht**

Nebengebiete

- 📖 Standardfälle **ZPO**
- 📖 👂 Standardfälle **Handels- & Gesellschaftsrecht**
- 📖 👂 Standardfälle **Arbeitsrecht**
- 📖 👂 Basiswissen **Handelsrecht** (Frage-Antwort)
- 📖 👂 Basiswissen **Gesellschaftsrecht** (Frage-Antwort)
- 📖 👂 Basiswissen **StPO** (Frage-Antwort)
- 📖 👂 Basiswissen **ZPO** (Frage-Antwort)
- 📖 Einführung **Handelsrecht**
- 📖 Einführung **Gesellschaftsrecht**
- 📖 Einführung **Arbeitsrecht**
- 📖 Einführung **Kollektives Arbeitsrecht**
- 📖 Einführung **ZPO I** - Erkenntnisverfahren
- 📖 Einführung **ZPO II** - Zwangsvollstreckung
- 📖 Einführung **StPO** - Strafprozessordnung
- 📖 Einführung **IPR** - Internationales Privatrecht
- 📖 Standardfälle **IPR** - Internationales Privatrecht
- 📖 Einführung **Insolvenzrecht**
- 📖 **Gewerblicher Rechtsschutz & Urheberrecht**
- 📖 Einführung **Wettbewerbsrecht**
- 📖 Einführung **Sportrecht**

Karteikarten

- 🗂 **Grundlagen des Zivilrechts**
- 🗂 **BGB Allgemeiner Teil**
- 🗂 **Schuldrecht BT** (§§ 433, 535, 631, 812, 823)
- 🗂 **Schemata Zivilrecht** (AT, SchuldR, SachR, FamR)
- 🗂 **Strafrecht AT**
- 🗂 **Strafrecht BT 1**
- 🗂 **Strafrecht BT 2**
- 🗂 **Streitfragen Strafrecht**
- 🗂 **Staatsorganisationsrecht**
- 🗂 **Grundrechte**
- 🗂 **Verwaltungsrecht AT**
- 🗂 **Schemata Öffentliches Recht**

Die wichtigsten Schemata

- 📖 **Band 1:** Zivilrecht, Strafrecht, Öffentliches Recht
- 📖 **Band 2:** Arbeitsrecht, Handelsrecht, Gesellschaftsrecht, StPO, ZPO

Ratgeber Jurastudium

- 📖 Ratgeber **500 Spezial-Tipps für Juristen** - Wie man geschickt durchs Studium und das Examen kommt

BWL

- 📖 Einführung in die **Betriebswirtschaftslehre**
- 📖 **Organisationsgestaltung & -entwicklung**
- 📖 **Fallstudien** Organisationsgestaltung & -entwicklung
- 📖 **Internationales Management**
- 📖 Wie gelingt meine wiss. **Abschlussarbeit**?
- 📖 **Medienwirtschaft für Mediengestalter**

Assessorexamen

- 📖 Der **Aktenvortrag im Strafrecht**
- 📖 Der **Aktenvortrag im Zivilrecht**
- 📖 **Staatsanwaltl. Sitzungsdienst & Plädoyer**

Irrtümer und Änderungen vorbehalten!

👂 bedeutet: auch als **Hörbuch** lieferbar!

Bei **niederle-media.de** bestellte Bücher treffen idR *nach 1-2 Werktagen* ein!